मयंक मुरारी

मयंक मुरारी ने ग्रामीण विकास, प्रबन्धन, जनसम्पर्क एवं पत्रकारिता के अलावा राजनीतिशास्त्र में उच्च शिक्षा, स्नातक एवं स्नातकोत्तर की डिग्री प्राप्त करने के बाद विकास के वैकल्पिक माध्यम पर पी-एच.डी. किया। वे 600 से अधिक आलेख और एक दर्जन किताबें लिख चुके हैं, जिनमें 'मानववाद एवं राजव्यवस्था', 'राजनीति एवं प्रशासन', 'भारत : एक सनातन राष्ट्र', 'माई : एक जीवनी', 'झारखंड के अनजाने खेल', 'झारखंड की लोक कथाएँ', 'लोक जीवन : पहचान, परम्परा और प्रतिमान', 'यात्रा बीच ठहरे कदम', 'ओ जीवन के शाश्वत साथी', 'पुरोषत्तम की पदयात्रा', 'अच्छाई की खोज', 'भगवा ध्वज', 'जंबूद्वीपे-भरतखंडे' आदि शामिल हैं। इसके अलावा आध्यात्मिक और भारतीय दर्शन पर आधारित आलेख देश के सभी प्रतिष्ठित समाचार पत्रों में नियमित रूप से प्रकाशित होते हैं। व्यक्तित्व विकास, प्रेरणा और संवाद के अलावा भारतीय परम्परा एवं जीवन पर विभिन्न विद्यालयों एवं संस्थानों में उनके व्याख्यान भी होते हैं।

वे 'विद्यावाचस्पति', 'झारखंड गौरव सम्मान', 'सिद्धनाथ कुमार स्मृति सम्मान', 'झारखंड रत्न', 'जयशंकर प्रसाद स्मृति सम्मान', 'साहित्य अकादेमी रामदयाल मुंडा कथेतर सम्मान' से सम्मानित हैं। समाज सेवा के लिए उन्हें लायंस क्लब ऑफ राँची समेत अन्य संस्थाओं द्वारा कई पुरस्कार मिल चुके हैं।

ई-मेल : murari.mayank@gmail.com

'शून्य की झील में प्रेम' जैसा कि शीर्षक से स्पष्ट है, प्रेम कविताओं का संग्रह है। यह प्रेम वृक्ष में फल की तरह उगने और उसके वयस्क होने की प्रक्रिया में साँस ले रहा है। कवि हैं डॉ. मयंक मुरारी। प्रेम प्रकृत भाव है। जैसा प्रकृति में है वैसा यहाँ मन में रंग-रेखाओं के साथ उदित होता हुआ। नि:शब्द मन: स्थिति से शब्द में यथावत अभिव्यक्त करने का पहले-पहल वाला अन्दाज है। इस संग्रह में कवि अपनी मन गुल्लक में मुस्कान, सुगंध, स्पर्श, नमक, पदचाप, ध्वनि, तितली, धूप, हवा, जल आदि प्रेमिका के लिए बटोरता चलता है। इन्हीं उपमाओं/रूपकों के माध्यम से, वह 'अर्शिया' को सम्बोधित है। कुछ-कुछ वैसा सम्बोधन जो लोक कवि ईसुरी का अपनी प्रेमिका 'रजऊ' से रहा है। वहाँ लौकिक भी था लेकिन अलौकिक में आध्यात्मिक गहराई के दर्शन होते हैं। यहाँ प्रेम दूर से अनुभूति के स्तर पर है। वस्तुत: यहाँ प्रेम के शब्दों में एक स्वप्न घर का निर्माण हो रहा है, जिसमें एक पवित्र पागलपन है। प्रेम का एहसास त्वचा पर है, मिथकीय उदाहरणों में आकार लेता है, पलाश की धधक में है, मन्दिर की सीढ़ियों पर है और सगुण होने की कामना में है। हमारे समय प्रेम की बढ़ती अनुपस्थितियाँ चिन्ताजनक हैं। दुनिया में जब प्रेम कम और घृणा का साम्राज्य चारों तरफ है। तब इस शून्य में यह एक दस्तक है। वह चाहे कैसी भी अवस्था में हो उसकी अस्मिता अभी मजबूत है या नहीं है, यह गौण है। कवि के भीतर दिव्य प्रेम का खाका, फिलहाल प्रार्थना की तरह अनाम हवा में गतिशील है, पार्थिव है।

—लीलाधर मंडलोई

शायद दुनिया में कविता का सबसे पुराना और सबसे नया विषय प्रेम ही है। लगभग हर कवि प्रेम कविता लिखता है और अपना अलग आस्वाद विकसित करने की कोशिश करता है। मयंक मुरारी का यह संग्रह 'शून्य की झील में प्रेम' इसी विषय का नया विस्तार है। संग्रह की कविताएँ वैयक्तिक प्रेम के अलावा सूफी प्रेम की ओर भी ले जाती लगती हैं। मयंक मुरारी बहुत सहजता से अपनी बात कहते हैं और उनका प्रवाह कविता को एक तरलता देता है। हर कविता से पहले एक बहुत संक्षिप्त टिप्पणी है जो कविता का एक संदर्भ बनाती है। उन्हें मेरी शुभकामनाएँ।

—प्रियदर्शन

शून्य की झील में प्रेम

प्रेम निकाल दो, तो यह धरती श्मशान है

मयंक मुरारी

राजकमल पेपरबैक्स

राजकमल पेपरबैक्स में
पहला संस्करण : 2025

राजकमल पेपरबैक्स : उत्कृष्ट साहित्य के जनसुलभ संस्करण

राजकमल प्रकाशन प्रा. लि.
1-बी, नेताजी सुभाष मार्ग, दरियागंज
नई दिल्ली-110 002
द्वारा प्रकाशित

शाखाएँ : अशोक राजपथ, साइंस कॉलेज के सामने, पटना-800 006
पहली मंज़िल, दरबारी बिल्डिंग, महात्मा गांधी मार्ग, प्रयागराज-211 001
1, अनमोल सोराबजी सन्तुक लेन, धोबी तलाव, मरीन लाइंस, मुम्बई-400 002
वेबसाइट : www.rajkamalprakashan.com
ई-मेल : info@rajkamalprakashan.com

विकास कंप्यूटर एंड प्रिंटर्स
ट्रॉनिका सिटी-201 102
द्वारा मुद्रित

मूल्य : ₹350

SHOONYA KI JHEEL MEIN PREM
Poems by Mayank Murari

ISBN : 978-93-6086-390-6

विष्णुप्रिया

नाम नहीं लिखा मैंने
परन्तु, हे देव!
तुम भी जानते हो, लिखा है सब
उसी रूप के नाम पर।

क्रम

प्रस्तावना

सृष्टि के निर्माण के बाद जब दो प्राणी अस्तित्व में आए तभी से प्रेम की ज्यामितियों ने विविध आयामों में आकार लेना आरम्भ कर दिया। आदिकाल से स्त्री-पुरुष का परस्पर आकर्षण संसार को गतिमान रखना और मानव सभ्यता को उत्तरोत्तर उन्नति के पथ पर अग्रसर करने के लिए सहायक रहा है। मस्तिष्क के विकास ने इसे और भी व्यापक बनाया। नौ रसों के भाव से युक्त मानवीय स्वभाव भावनात्मक रूप से जुड़ने को लालायित करने लगा। मनुष्य एक सामाजिक प्राणी है अपनेपन, समाज और बिरादरी के बिना इसका एकांगी जीवन जीना दुरूह है। इसीलिए पुरुष के समानान्तर स्त्री के रूप में एक और सत्ता विद्यमान है। दोनों का संसर्ग प्राकृतिक भी है और मानवीय भी।

पूरी दुनिया में प्रेम कथाओं के अनन्त प्रमाण मिलते हैं कुछ अपने परिणाम तक पहुँचीं कुछ अपूर्ण रह गईं जो अधूरी रह गईं वे अमर हो गईं नि:सन्देह इसका कारण लोक की सहानुभूति, करुणा तथा बिछोह का दर्द है जो प्रेम पिपासा को द्विगुणित कर देता है। राधा-कृष्ण, कृष्ण-मीरा, लैला-मजनूँ न मिलकर भी एक दूजे में लीन हो गए। मिलन भौतिक नहीं हो पाता तो अलौकिक बन जाता है क्योंकि प्रच्छन्न भावनाएँ कभी मरती नहीं। साधारण मनुष्य की इच्छा लौकिक मिलन के प्रति अधिक उतावली होती है लेकिन आध्यात्मिक प्रवृत्ति उसे अलौकिक मिलन में भी अनिर्वचनीय सुख से भर देती है।

'शून्य की झील में प्रेम' की कविताएँ दोनों ही अवस्था में प्रेम की विराटता से परिचय कराती हैं। प्रेम में होना ही प्रेम को प्रतिपल जीना है यहाँ प्रेम का स्थूल से लेकर सूक्ष्मतम रूप प्रमुख कारक बनता है। यथार्थ में मिलन सम्भव न हो तो प्रेमी कल्पनाओं में उसका दर्शन करने लगता है। यह कल्पना ही अदृश्य रूप से किसी के साथ होने का आभास कराती है। मानसिक व्याकुलता को सन्तुष्टि प्रदान करती

है, सभी सम्बन्धों का सारतत्त्व प्रेमनिहित है यदि प्रेम न हो तो किसी भी रिश्ते का निबाह मुश्किल है। संसार की गति के केन्द्र में प्रेम ही अवस्थित है।

प्राचीन यूनानी (ग्रीक) दार्शनिक प्लेटो के दर्शनानुसार दो व्यक्तियों में प्रेम सम्बन्ध इतना मजबूत हो सकता है कि वह शारीरिक आकर्षण से परे हो। प्रगाढ़ मित्रता कह सकते हैं प्लेटोनिक रिलेशनशिप को, जो प्रेम पूर्ण तो है लेकिन यौनिक नहीं यह एक आदर्शवादी स्थिति या आध्यात्मिक स्थिति कही जा सकती है जिसे प्लेटोनिक लव का नाम दिया गया। दूर रहकर भी एक-दूजे के पर्याय बनकर रहना, विचारों में, अनुभूति में क्रिया-कलापों में अपने उसी 'सोल मेट' को ध्यान में रखना जिससे वो अगाध प्रेम करता है बिना जिसके जीवन की कल्पना भी निस्संग, निरर्थक लगने लगती हो। यदि मिलन का संजोग नहीं तब प्लेटोनिक लव दिलासा की तरह मरहम का काम करता है। क्या ऐसा सम्भव है या कपोल दार्शनिकता? मनुष्य की मानसिक क्षमता शक्तिशाली है, मनोविज्ञान भी कहता है कि धारणा और विचार से भावनाओं को अनुभव किया जा सकता है और यही अनुभव प्रेम की अथाह गहराई में डूबकर किया जा सकता है।

अपने प्रिय की उपस्थिति का भान, स्मरण विभिन्न रूपाकारों, स्थितियों, स्रोतों से किया गया हो फिर चाहे प्रेमी दुनिया के किसी भी कोने में हो अपनी इन्द्रियों से वही सुगंध, वही पल, वही स्पर्श को महसूस कर सकता है जिसका संयोग जीवन में कभी प्राप्त किया हो।

ओशो भी प्रेम में लेन-देन की बात नहीं करते। लेन-देन होने से वह सौदे में परिणत हो जाता है। प्रेम को आनन्द का प्रकाश माना गया है यानी कि आत्मबोध जिसमें माँगने या लेने की भावना नहीं बल्कि देने की भावना प्रबल होती है। ये अवस्था आत्म चेतना जागृत होने के बाद आती है। प्रेम में आध्यात्मिकता की ओर प्रवृत्त होने के भाव इसी असीम प्रेम से प्रकट होते हैं।

प्रिय से प्रेम भी अप्रतिम, अनन्त, असीम होने की कसौटी देने के भाव का उद्‌भव है।

संसार के विख्यात दार्शनिकों, विद्वानों, विचारकों ने अपने अध्ययन व अनुभवों से प्रेम को अनेक तरीकों से परिभाषित करके यह सिद्ध कर दिया है कि प्रेम की सत्ता शक्तिशाली और इतनी व्यापक है कि पृथ्वी के एक कोने से दूसरे कोने तक इसकी रश्मियाँ अपनी चमक से मानव मन को आलोकित करने में सदैव सक्षम रही हैं। जगत में शायद ही कोई ऐसा मनुष्य हो जिसने अपने जीवन काल में कभी प्रेम न किया हो प्रेम भी ऐसा जिसका स्वाद एक बार चखने के बाद कभी कोई भूल नहीं सके प्रेम करने की कोई उम्र नहीं होती होश सँभालने से लेकर होश खोने के बीच

के अन्तराल में कभी भी घटित होने वाली घटना के रूप में इसके प्रमाण इतिहास में मौजूद हैं। पहली नजर का प्यार पहली नजर में हो भी जाए तो इसकी कोई गारंटी नहीं कि अन्त तक यह जीवन्त रहेगा। किशोरावस्था में इस तरह के प्रेम से हर कोई दो-चार होता है और फिर जीवन पथ पर अग्रसर होते हुए समय की परतों में यह दब भी जाता है, हाँ, इसकी अमिट छाप अवश्य मृत्युपर्यन्त तक अंकित रहती है।

युवावस्था में तीव्र आवेग के साथ इसका स्वरूप मुखर होकर भावनाओं पर पूर्णतः आच्छादित हो जाता है। यहाँ पाने और खोने के योग-वियोग की समानुपातिक स्थिति बनी रहती है। अपने प्रेम को पा लेना हर किसी के लिए अन्तिम लक्ष्य नहीं होता। फ़ैज़ अहमद फ़ैज़ ने कहा है—और भी गम हैं जमाने में मोहब्बत के सिवा...अक्सर जीवन के झंझावातों में फँसा व्यक्ति फर्ज के आगे अपनी मोहब्बत की कुर्बानी दे देता है। क्या प्रेम केवल एक बार होता है शायद नहीं, प्रेम अपनी पूर्णता को पाने के लिए बार-बार होता है जब तक कि मन उस तृप्ति से भर नहीं जाता जिसकी अपेक्षा या लालसा उसके अन्दर बची हुई है।

प्रेम सम्बल है, शक्ति है, भरोसा है, आत्म बल है, यह वही जान सकता है जिसने सच्चा प्रेम किया हो। शक्तिपुंज की तरह यह मन-मानस को बल देता है, रुधिर की तरह तंत्रिकाओं में इसका प्रवाह निरन्तर ऊर्जा बनकर प्रवहमान रहता है। अचेतन मन में बसा एक ऐसा भाव जिसकी उपस्थिति अन्तःस्रावी ग्रंथियों को भी प्रभावित करती है। विज्ञान ने भी यह खोज लिया है कि शरीर में कुछ विशेष ग्रंथियों का स्राव प्रेमासिक्त भावनाओं के भावातिरेक में ही सम्भव होता है जो चित्त को प्रसन्न व शरीर को प्रफुल्लित रखता है। उत्साह का संचारी भाव समस्त नकारात्मकता को व्यक्तित्व से परे धकेलकर जीवन को प्रबल सकारात्मक पक्ष से जोड़े रखता है।

प्रौढ़ावस्था का प्रेम कतिपय अधिक स्थायित्व वाला होता है इसमें उन दार्शनिकों के मत को अधिक पुष्टि मिलती है जो कहते हैं कि प्रेम स्वार्थ से परे देने का नाम है, उत्सर्ग करने, समर्पण करने का नाम है। द्वैत से अद्वैत होने की क्रिया है। यह स्थूलता से सूक्ष्मता की ओर जाने का मार्ग है इसमें विचलन नहीं तटस्थता है, शीघ्रता नहीं धीरता है।

प्रेम सबसे पुनीत कर्म है तथापि समाज में यह सार्वजनिक रूप से स्वीकार्य नहीं। वर्ग, सम्प्रदाय, समूह में विभाज्य सामाजिक संरचना एक व्यक्ति का दूसरे व्यक्ति से प्रेम को संकुचित दृष्टि से देखती है।

प्रेम का विस्तार सहज प्रवृत्ति है लेकिन इसे परिधियों में बाँधकर इसका सुनियोजित ढंग से सीमांकन कर दिया गया है। जबकि कितनी सुन्दर कल्पना है

कि यदि मनुष्य मनुष्य से प्रेम करे, सौहार्दपूर्ण आचरण करे तो संसार से वैमनस्य और घृणा का सर्वनाश हो जाए।

समूची प्रकृति में प्रेम का वास है। जीव-जन्तु पशु-पक्षी बेजुबान होकर भी अपनी-अपनी भावनाओं के माध्यम से प्रणय निवेदन करते हैं ताकि उनका जीवन चक्र निर्बाध गति से चलता रहे। उनके समुदाय में प्रकृति कोई हस्तक्षेप नहीं करती। यहाँ कोई भेदभाव या वर्ग विभाजन नहीं दिखाई पड़ता सब कुछ नैसर्गिक और स्वत:स्फूर्त होता चला जाता है उनकी दुनिया में मनुष्यों से अधिक शालीनता व सुव्यवस्थित प्रणाली दिखलाई पड़ती है।

फिर भी कह सकते हैं कि यह प्रेम ही है जिसने इस धरती के मनुष्य को विनाश से बचा रखा है।

सूफीवाद की परम्परा में प्रेम मनुष्य के लिए ईश्वर को जानने और उसके समीप जाने का एक महत्त्वपूर्ण चरण है। आत्मा का परमात्मा से मिलन के लिए प्रेमपूर्ण भक्ति से ईश्वर तक पहुँचना न कि कर्मकांड के द्वारा। दिव्य प्रेम हमें विनम्र, दयालु, और उदार होना सिखाता है यहीं से आध्यात्मिक प्रेम का मार्ग प्रशस्त होता है।

परमात्मा को अपने प्रेमी या प्रेमिका के रूप में देखने, जानने, समझने और मानने की बलवती इच्छा सूफीवाद का अभिन्न सिद्धान्त है। प्रसिद्ध सूफी कवि रूमी कहते हैं—

लुत्फ उस दम का जब महल में मैं और तू
दो शक्ल, दो सूरत, मगर एक जान मैं और तू

जिस प्रकार हम अपने प्रिय के लिए बेसुध और बेचैन हो जाते हैं ऐसा ही प्रेम तो ईश्वर भी हमसे चाहता है। देखा जाए तो स्त्री-पुरुष का प्रेम उनके लिए एक सीढ़ी है उस विराट सत्ता तक पहुँचने की जहाँ जीवन का अन्तिम सत्य छुपा हुआ है।

प्रेमी कहता है—तेरे वास्ते मेरा इश्क सूफियाना...इश्क का रंग सूफियाना हो जाए तो यहाँ इबादत में बदल जाता है प्रिय से मिलन की उत्कंठा प्रार्थना बन जाती है तब अपनी कोई पहचान नहीं रहती पूरी तरह विलीन हो जाने का भाव जैसे कि अमीर खुसरो ने लिखा—छाप तिलक तज दीन्हीं तोसे नैना मिलाई के... प्रेम जब होता है तो बस हो जाता है कुल, गोत्र, जाति, धर्म की वंशावली यह कुछ नहीं देखता। सारा खेल मानव अस्तित्व की सूक्ष्म तरंगों से निकलती आवृत्ति का है यह सक्रिय होकर एकाकार होने के लिए उद्यत होने लगती है और उस उपयुक्त उम्मीदवार से जाकर मिल जाती है जिनका मिलना प्रकृति प्रदत्त नियमों के अनुरूप पहले से सुनिश्चित होता है।

डॉ. मयंक मुरारी के प्रस्तुत संग्रह में प्रेमासिक्त हृदय की विकलता, पीड़ा, उद्विग्नता, भावविह्वल कर देने वाले अनुराग व समर्पण से साक्षात्कार होता है।

प्रेम शाश्वत है और उसी के साथ शाश्वत है मनुष्य के समस्त मनोभावों की मनोवृत्ति जिन्हें प्रकट कर वह अपने प्रिय को अपनी मनोदशा से अवगत कराने का भरसक प्रयास करता है ताकि वह भी इस अनुभूति और अनुरक्ति के भावातिरेक से गुजरकर इन्हें महसूस कर सके। उसके साथ रहे, उसका साथ दे यदि ऐसा न हो तो अवसाद से घिर जाना अस्वाभाविक नहीं। इसीलिए जिनकी प्रेमकथा अधूरी रह जाती है वह अन्यमनस्क से हो जाते हैं, कइयों को इस बिछोह से उबरने में काफी समय लगता है। कई हताशा के गर्त में डूब जाते हैं। कई इस असफलता को भूलकर अपना ध्यान जीवनचर्या के आवश्यक कार्यों में लगा देते हैं यहाँ भाग्य को नियति मानकर सहजता से स्वीकृति दे दी जाती है

प्रेम के जैसा उदात्त वेग जैसा प्रेम के अतिरेक में दिखाई देता है वैसा अन्यत्र नहीं तभी तो कबीर भी कह गए—

मेरा मुझमें कुछ नहीं जो कुछ है सो तेरा
तेरा तुझको सौंपता क्या लागे है मेरा

मेरे पास मेरा अपना कुछ नहीं। मेरा तन, मन, धन जब सब तुम्हारा ही है तो उससे कैसी मोह, माया...यह सब समर्पित भी कर दूँ तो इसमें मेरी क्या हानि?

अपना हृदय प्रिय को सौंपने के बाद प्रेमी के पास भी कुछ नहीं रहता। इसमें भक्ति भाव में डूबे व्यक्ति की गुहार भी है और प्रेम में समर्पित हृदय की पुकार भी। विरह में स्मृतियाँ ही प्राण वायु फूँकती हैं। कृष्ण की प्रेमभक्ति में लीन मीराबाई ने गीत रचा—साँसों की माला पे सिमरूँ मैं पी का नाम...मीरा ने साक्षात् कृष्ण को नहीं देखा केवल अपनी कल्पना शक्ति से स्मृतियों में प्रिय की छवि बसाकर उसको पूजने लगीं यह प्रेम की पराकाष्ठा का अन्यतम रूप नहीं तो और क्या है?

प्रस्तुत संग्रह में लौकिक प्रेम को अलौकिक प्रेम में परिवर्तित होते हुए देखना सुखद अनुभूति है। प्रेम जिसकी महिमा आदिकाल से आराध्य देवताओं से लेकर साधारण मनुष्य तक व्याप्त है जिसने भी इस धरती पर जन्म लिया और जब तक जीवित रहा।

'शून्य की झील में प्रेम' के प्रकाशन पर हार्दिक बधाई एवं शुभकामनाएँ।

जगदलपुर, छत्तीसगढ़

—ख़ुदेजा ख़ान

प्रेमराग

लाओत्सु ने कहा है कि अपने अस्तित्व के केन्द्र में रहें, क्योंकि आप केन्द्र से जितने ज्यादा दूर होते हैं, उतना ही कम सीखते हैं। इसके लिए अपने दिल को टटोलें। इस वाक्य से स्पष्ट है कि अस्तित्व के केन्द्र में प्रेम है। अगर हम अपने दिल से इसका जवाब माँगें तो यही मिलेगा कि प्रेम निकाल दो तो यह पृथ्वी श्मशान हो जाएगी। हालाँकि भारतीय परम्परा में मन को प्रेम का एक स्थल माना गया है। प्रेम का आभामंडल शाश्वत होता है। इसकी अनुभूति के लिए हमारे अन्दर बस स्पंदन होना चाहिए। शरीर के साथ हृदय का स्वर। जब इसका सम्बन्ध बनता है, तो हमें प्रेम में दिव्यता और दिव्यता का वैश्विक स्वरूप दिखता है। पिछले दिनों अमेरिका प्रवास पर गया था। एक दिन न्यूयॉर्क के एम्पायर स्टेट के सामने मोनार्क होटल के रूफ टॉप पर रात 12 बजे डिनर कर रहा था। हल्की बारिश और रोशनी में समूचा परिवेश नहाया था। आसपास में शान्ति पसरी थी। सब अपनी खुशी और खामोशी के साथ दिख रहे थे। उस पल मेरे मन में भाव उठा कि प्रेम भी इतना ही ऊँचा और विशाल हो जाए, तो संसार कितना सुन्दर और सुरमई हो जाएगा।

इस सृष्टि का केन्द्र प्रेम है। प्रेम ही परमात्मा है, जो पुरुष और प्रकृति के रूप में इस जीवन को चलाता रहता है। जीवन के लिए इस संसार में जो सन्तुलन है, जो आकर्षण है, जो जुड़ाव है। वह भी प्रेम के कारण है। प्रेम एक शक्ति है, जो खुद को विविध तत्त्वों में प्रकट करती है, और प्रेम उसको धारण करता है। इस काव्य-संग्रह को लिखने की प्रेरणा एक संवाद से मिली। एक मित्र ने कहा कि मैं दुर्गापूजा मनाता हूँ और आपके लिए होली सबसे बड़ा पर्व होगा। मैंने कहा कि इस जगत का स्वाभाविक उत्सव है होली और दुर्गापूजा। इसे किसी व्यक्ति और समाज ने विधान के तहत नहीं शुरू किया। यह स्वत: प्रकृति-प्रदत्त विधान है। प्रकृति में परिवर्तन के साथ साधना का अनुष्ठान है दुर्गापूजा। प्रकृति के सौन्दर्य और सुवास का उत्सव है होली। दुर्गापूजा के साथ साधना है, जो शक्ति लाती है।

होली के साथ सौन्दर्य है, जो प्रेम लाता है। प्रेम यानी शिव से होली तो शक्ति से दुर्गापूजा। एक पुरुष तो दूसरा प्रकृति। इसे आधुनिक विज्ञान की भाषा में ऊर्जा और द्रव्यमान कहा जाता है।

जीवन में शक्ति से शीर्ष पर पहुँचा जा सकता है, लेकिन प्रेम के बिना उसकी पूर्णता नहीं प्राप्त होती है व्यक्ति थोड़ा खाली-खाली रहता है। आखिर यही कारण है कि सती को दुबारा अपने पार्वती के रूप में प्रेम यानी शिव को पाना पड़ा। शिव के बिना शक्ति अधूरी है, तो शक्ति के बिना प्रेम पूर्ण नहीं होता है। कृष्ण और राधा का जीवन अनुपम है। प्रेम का शिखर है। जब उद्धव ने ब्रज की यात्रा शुरू की तो थोड़ा व्याकुल थे। उनको सन्देह था। तब श्रीकृष्ण ने कहा कि मैं ब्रज त्यागकर कहीं नहीं जाता हूँ। मैं राधा रूप में वहीं रहता हूँ। प्रेम की शक्ति अनुपम होती है। वर्ल्ड ट्रेड सेंटर पर जब भ्रमण कर रहा था, तो एक व्यक्ति ने कहा कि नाशपाती का पेड़ देखा? मैंने अचरज व्यक्त किया। इसमें क्या है? उस व्यक्ति ने कहा कि वही एक पेड़ इस प्रलयकारी विनाश में बचा था। क्या यह ईश्वरीय शक्ति का प्रेममय प्रकटीकरण नहीं है?

प्रेम का अर्थ क्या है? ओशो कहते हैं कि प्रेम का अर्थ है दूसरे को अपना इतना बना लेना कि कुछ छिपाने को न रहे। मेरा मानना है कि सृष्टि का ऐसा शक्तिशाली रसायन प्रेम है, जो इस संसार के सभी सृजनशील व्यक्ति, प्रकृति और ईश्वर के कर्म और लक्ष्य का सहचर है। इसे पृथ्वी का गुरुत्व कहे, ईश्वर का अनुराग या मानव का प्रेम कहें। नाम चाहे जो दें। अगर यह नहीं है तो जीवन बंजर है। यह शरीर का सम्बन्ध नहीं है। यह व्यक्ति का मिलन नहीं है। व्यक्तित्व का मिलनस्थल प्रेम है।

भवानी प्रसाद मिश्र की कविता है—

तुम बंजर हो जाओगे
यदि इतने व्यवस्थित ढंग से रहोगे
यदि इतने सोच-समझकर
बोलोगे, चलोगे।
कभी मन की नहीं कहोगे
सच को दबाकर झूठे प्रेम के गाने गाओगे
तो मैं कहता हूँ
तुम बंजर हो जाओगे।

प्रेम दो प्रकृतियों का इस प्रकार विस्तार है कि प्रत्येक एक दूसरे को समाहित करता है। इसे हम कुछ पल में भी महसूस कर सकते हैं। कई ऐसी बातें हुईं, जिनसे

इस बात पर विश्वास बढ़ा कि प्रकृति में मैत्री ही उसका स्वभाव है। प्रेम कोई क्रिया नहीं है। यह स्वाभाविक घटना है। यह प्राकृतिक है। यह चेष्टा से नहीं की जाती है। पुरुष लक्ष्य को ही प्रेम बना ले तो उसका आकर्षण सदैव ही हमें शक्ति प्रदान करता रहेगा। अल्बर्ट आइंस्टीन ने अपनी पुत्री लोजरेल को एक पत्र लिखा है। इसमें वह कहते हैं कि एक सार्वभौमिक शक्ति है, जिसका नाम प्रेम है। वह कहते हैं कि अगर हम जीवन में अर्थ ढूँढ़ना चाहते हैं, अगर हम दुनिया को बचाना चाहते हैं तो प्यार ही एकमात्र जवाब है। जब हम प्रेमरूपी ऊर्जा को देना और प्राप्त करना सीख जाते हैं, तभी हम जान पाते हैं कि प्रेम हर चीज से परे जाने में सक्षम है, क्योंकि वह जीवन का सार है।

प्यार की शक्ति पर जो सवाल उठाते हैं, उनके अस्तित्व का कारण भी यह प्रेम ही है। इस आकर्षण के कारण ही यह दुनिया जीव और जीवन से परिपूर्ण है। अन्यथा पूरे जगत में वीरानी छाई रहती। रामायण में एक जगह लक्ष्मण भगवान श्रीराम से सवाल करते हैं कि आपने प्रेम की शिक्षा नहीं प्राप्त की। आपने यह कहाँ से सीखा? श्रीराम कहते हैं कि यह सृष्टि प्रेममय है। प्रकृति की सभी गतिविधियाँ प्रेम से परिपूर्ण हैं। इसके कारण ही हम उसके प्रति आकर्षित होते हैं। उसी प्रकार बिना आकर्षण के बिना सृजन भी सम्भव नहीं है। विश्व के महान वैज्ञानिक थॉमस अल्वा एडिसन के बारे में कहा जाता है कि उसने एक हजार से ज्यादा वैज्ञानिक खोजें कीं। जबकि बचपन में एडिसन को स्कूल से इसलिए निकाल दिया गया कि वे पढ़ने में सक्षम नहीं थे। यह कैसे हुआ? केवल पढ़ाई के प्रति उनके प्रेम और आकर्षण के कारण।

प्रेम का उत्कृष्ट रूप किसी के बारे में आत्मिक स्तर पर जुड़ना है। उसकी चिन्ता, उसका आदर, उसका विश्वास और उसका विकास ही हमको प्रेम के अनन्य स्वरूप के पास ले जाता है। अगर व्यक्ति लक्ष्य को ही प्रेम बना ले। उससे मैत्री सम्बन्ध प्रगाढ़ करे, तो उसका आकर्षण सदैव ही शक्ति प्रदान करता रहेगा। यह विगत दिनों में सीखने को मिला। ऐसी स्थिति में उत्साह के असीम स्रोत प्रस्फुटित हो जाते हैं और हमारे कर्म श्रेष्ठता के सोपान को स्पर्श करने लगते हैं। जब कर्म ही प्रेममय हो जाता है, तो लक्ष्य केवल एक पड़ाव ही रह जाता है। कर्मफल तो उसके सृजन के प्रेमपूर्ण प्रवाह में विलीन हो जाता है। यह उत्कृष्टता की स्थिति होती है। इसको ही निष्काम कर्म कहा जाता है। कर्म ही प्रेम हो जाए तो आनन्द सदैव साथ रहेगा, तब लक्ष्य गौण हो जाता है। कर्मफल में जीवन को खोजने की उत्सुकता या चाहत खत्म हो जाती है। प्रकृति आनन्दभाव में रहती है, तो इसके पीछे उसके प्रेम की संलग्नता है। जीवन केवल आस्था और ज्ञान का मार्ग नहीं है,

बल्कि यह व्यवहार और आचरण का विषय है। इसके लिए एक गुण ही आधार का काम करता है जिसे प्रेम कहा गया है।

न्यूयॉर्क में हडसन नदी का तट है। रात के दो बजे हम यायावर की तरह भटक रहे थे। एक तरफ एम्पायर स्टेट और दूसरी ओर वन वर्ल्ड टावर। रोशनी में नहाया। नदी के तट पर एक युवा है, जिसकी आँखें नम हैं। थोड़ी दूरी पर शायद उसकी मित्र है। मुझे भोगवादी समाज में प्रेम का यह अन्दाज बेहतरीन लगा। हम सोचने लगे कि जीवन में हर किसी की कमियाँ होती हैं। हम माफ नहीं कर पाते और दूसरा सँभल नहीं पाते। यह नजरिया सही है क्या? हर नदी के तट की एक कहानी है। कहना कठिन है कि नदियों में पानी का कारण हिम का पिघलना है या प्रेम का तिल-तिल गलना है। कौन सही है? यमुना तट पर राधारानी हो या बंसीधर, सरयू तट की जगनमाता हो या प्रभु और गंगा तट की मइया हो या महादेव। सब कुछ समय के पन्नों पर दर्ज है और वही रह जाता है।

शिवमंगल सिंह सुमन की कविता याद आती है—शब्द, रूप और गंध तुम्हारी, कण-कण में बिखरी। कितनी बार तुम्हें देखा मगर आँखें नहीं भरीं। अब लगाव को कैसे बताया जाए। प्रेम की कोई परिभाषा नहीं है। बस प्रेम, प्रेम होता है; प्रेम के साथ दुख और दुख के साथ याद का सफर लम्बा है। प्रेम जीवन है, तो दुख जरूरी है, ताकि प्रेम बचा रहे। सबसे खूबसूरत प्रेम का दौर तब शुरू होता है, जब केवल यादें होती हैं। जीवन में यादें नहीं रहें, तो जीवन रूखा-सूखा सा हो जाता है। यह कहा गया है कि अंग्रेजी में लव और हेट दोनों में चार अक्षर होते हैं। उसी प्रकार एनमी और फ्रेंड्स में भी सात अक्षर होते हैं। यह अनायास नहीं है। इसमें अस्तित्व का कोई सन्देश है। हम जीवन में प्रेम बढ़ाएँ और इस जगत को सकारात्मक ऊर्जा से भरें।

भारतीय जीवन में प्रेम की परम्परा काफी पुरानी है। आदिकवि वाल्मीकि का पहला श्लोक ही एक मिथुनरत क्रौंच पक्षी के करुण प्रेम की गाथा है। उन्होंने प्रेम की प्रेरणा से ही रामायण की रचना की। प्रेमगाथा की एक लम्बी परम्परा है। कालिदास, जयदेव और भवभूति से साहित्य में प्रेमरस की धारा प्रवाहित होने लगी थी। बाद में सूर, तुलसी, कबीर, मीरा, जायसी की कविताओं में प्रेम का विविध रंग और रस प्रकट हुआ। निराला की कविता, महादेवी वर्मा के गीत और प्रसाद की 'कामायनी' में वह धारा निरन्तर चलती रही। हरिवंश राय बच्चन ने लिखा—इस पार प्रिये तुम हो, मधु है, उस पार न जाने क्या होगा? मधुशाला प्रेम का काव्य है। कविवर नीरज ने जो प्रेम के गीत गाए, वही प्रेम का राग धर्मवीर भारती के 'कनुप्रिया' में भी प्रवाहित हुआ। बाद में प्रेम काव्य एवं उसकी धारा पर प्रगतिशीलता का पहरा पड़ गया।

बाद में आधुनिकवाद ने इस प्रेमरस को निर्जन प्रदेश में पहुँचाया। हिन्दी साहित्य के आलोचक सुधीश पचौरी का मानना है कि अगर कविता को सम्भव करना है तो कविता में प्रेमरस को वापस लाना होगा। प्रेम के बिना हमारा यह आधुनिक जीवन रसविहीन एवं रंगहीन हो जाएगा। कदाचित् इसी समय के लिए कबीर ने कहा था—

प्रेम न बाड़ी ऊपजै, प्रेम न हाट बिकाय।
राजा परजा जेहि रुचै, सीस देइ ले जाय।

इस जगत में
प्रेम करना
सबसे कठिन काम है
इसे बाँटना नहीं
खुद प्रेम में
बँट जाना होता है
बार-बार।

जब आपके साथ अच्छा हो, आप आगे बढ़ें और आपके कर्म का प्रतिफल मिले, तो समझिए ये प्रेम का विस्तार है। प्रेम बस जीवन बनाता है। इसका कोई इतिहास नहीं होता है। न ही संघर्ष होता है। प्रेम मृत्यु है। शापेनहावर ने कहा है कि "डेथ इज नॉट ए मैटर टू बी अफ्रेड। इट इज लाइक ए चैनल टू रिबर्थ।"

इसलिए जब प्रेम होता है, तब वहाँ कोई मन स्थूल हो जाता है, और शरीर में अग्नि पूरी तरह से प्रवाहित होने लगती है। मनुष्य जब अपने अस्तित्वबोध में पूरी तरह से डूब जाए, तब प्रेम का शाश्वत स्वरूप प्रकट होता है। इसालिए कहा गया है कि भक्ति के पूर्व का सोपान प्रेम होता है। कृष्ण ने गीता में अपने सन्देश के अन्त में कहा है कि अर्जुन तुम कुछ नहीं करो। बस मुझमें समर्पित हो जाओ। यह समर्पण ही प्रेम है। इसमें न तो कर्म होता है, न ही ज्ञान का कोई मोल है। जब हम अस्तित्व के साथ एकाकार होते हैं, तब हम सहज और स्वाभाविक हो जाते हैं। यह प्रेम का उत्कृष्ट रूप है।

—मयंक मुरारी

गुरुपूर्णिमा, 21 जुलाई, 2024
राँची, झारखंड

शून्य की झील में प्रेम

सोल कनेक्शन

ओ आर्शिया

जब तुम्हारे चेहरे में
पहली बार दुनिया दिखी
तो समझा
यह सोल कनेक्शन है
वरना दुनिया में चेहरा
खोजते खोजते
जीवन कहाँ पहुँच गया था?

दिव्यता का क्षण था वो मिलना
बातों में शान्ति का सुख
मानो सालों से जानते हैं तुम्हें
जिन्दगी भी अचानक
वैसे सोपान पर पहुँची थी, जहाँ
सब कुछ सहज और तरल

तुम्हारा उदासी का कारण पूछना
जब सभी को हम सही लगते,
तुम्हारी छाया मेरे अस्तित्व पर
आँखों में बस फिक्र।
जीवन तुम्हारे आसपास घूमता

ऐसा सोल कनेक्शन
मुझे कभी मिलेगा?
सच कहता हूँ—
इसका मुझे कहाँ पता था
चाहने से नहीं मिला,
जब न चाहा, झोली में भर दिया
अब मिला तो तुमने कहा
भुला क्यों नहीं देते
यह सोल कनेक्शन,
आर्शिया, तुम भुला दो
हम चाहें तो भी नहीं भुला सकते
एहसास में वह नमी
और आहट में सरसराहट
आज भी कहाँ अकेला छोड़ते मुझे।

[रिश्तों की कहानी भी अजीब है। हम रिश्तों के बाजार में होते हैं, फिर भी अपने को अकेलेपन में पाते हैं। कुछ रिश्ते क्षणिक होते हैं, परन्तु उनमें डिवाइन टच होता है। इसे सोल कनेक्शन कहा जाता है। यह स्वतः ही सुकून लाता है। हमारा जीवन लयबद्ध होता है। सारे गहरे अनुभव तब हमारे जीवन में उतर आते हैं। हमारे जीवन में सोल कनेक्शन शाश्वत की ओर आरोहण कराता है।]

उदास शाम के संग

मेरे शब्द
मेरी प्रार्थनाएँ थीं
देव को भाव से अर्पित
जो मन्दिर की सीढ़ियों तक
ही पहुँच पाईं

जिस देव तक
उन शब्दों को जाना था
इतने बड़े वे नहीं बने,
जिसे, वे स्वीकार कर सकें

शब्दों के सफर संग
उदास शाम
सुनहरी सुबह लेकर आई
पर, उदास शाम के संग
हमारे शब्द
थोड़े धुँधलाए से
मिलने की जगह
नहीं बना सके

मेरे शब्द सदैव ही
निःशब्द ही रहेंगे

जब तक तू इसे न पढ़े
काश! ये शब्द
मिटने के पहले
कभी पढ़ लिये जाएँ

[आँसू सबसे बड़ी सम्भावित प्रार्थना है। इसमें ही इसकी भाषा, लिपि, भाव और गंध सिमटी होती है। आँसू के रूप में हमारा हृदय सबसे तीव्र एवं गहरी प्रार्थना से जुड़ता है। यह खुद को अभिव्यक्त करने का एक तरीका है। मुझे भी कई बार खूब रोने का मन करता है। किसी ऐसे प्रिय के सामने, जो रोने से मना न करे। चुप भी न कराए। रोते हुए आँख का पानी उसके समूचे अस्तित्व को भिगा दे। और तब हम दोनों उस सजलता में जीवन को देखें। क्या ऐसा सम्भव है?]

एक अफसोस कायम है

मना लेना चाहिए था
तुमको नाराज होने से पहले।
एक अफसोस
तुम्हारा भी पीछा कहाँ छोड़ेगा
छोटी बातों का
असर होने से पूर्व
मान जाना चाहिए था

तुमसे नहीं मिल पाने का
कोई अफसोस नहीं
तुम में नहीं जुड़ने का रहेगा
दिल के कोने में उभरती
वो थोड़ी घबराहट
जब देरी का पल हो।
मुस्कुराने में भी
आँखों को नम कर लेना
कहाँ मिलेगा
बिना बात के भी
तुम्हारा नाराज हो जाना

मुझे अफसोस रहेगा सदैव
न सुन पाने का

हवा में लहराते स्वर का,
तुम्हारी आहट से
परिवेश में पसरी ठंडक का
चाँद की तरह
उमड़ते-घुमड़ते प्रेम का

मुझे अफसोस रहेगा सदा
झल्ली-सी
अपने खयालों में गुम
बेलौस, वह लड़की
कभी बदल जाने की इच्छा में
सिर्फ इतना कह जाती
वसन्त का मौसम गुजर गया

परन्तु, उसे कहाँ पता है
भीतर लेती उसकी अँगड़ाई
पतझड़ के बाद वसन्त ही लाएँगे

[न्यूयॉर्क हडसन नदी का तट है। रात के दो बजे हम यायावर की तरह भटक रहे थे। एक तरफ एम्पायर स्टेट और दूसरी ओर वन वर्ल्ड टावर। रोशनी में नहाया। नदी के तट पर एक युवा है, जिसकी आँखें नम हैं। थोड़ी दूरी पर शायद उसकी मित्र है। मुझे यह भोगवादी समाज में प्रेम का अन्दाज बेहतरीन लगा। हम सोचने लगे कि जीवन में हर किसी की कमियाँ होती हैं। हम माफ नहीं कर पाते और दूसरा सँभल नहीं पाते। यह नजरिया सही है क्या?]

थोड़ा भी कम मंजूर नहीं

तुम्हें पूरा चाहिए
थोड़ा भी कम मंजूर नहीं

चाँद की तरह घटता-बढ़ता
कभी अमावस सा विलुप्त
कभी पूर्णमासी सा
मधु और रोशनी से संयुक्त
और मैं चकोर सा
उस आकाश को निहारता रहूँ

प्यार के साथ चाहिए
तुम्हारा कभी-कभी का गुस्सा
जो खास होता है
ये मुस्कान सबके लिए,
लेकिन तुम्हारा
गुस्सा जो मेरे लिए होता है
मुस्कान में केवल शब्द
गुस्से में शब्द के साथ
रूप, गंध और रस भी होता है

मुझे अजीब बातें ही चाहिए
बात-बात पर हड़बड़ाना

अकारण अट्टहास लगाना
जब देने की बात है तो
अपना वह पागलपन भी दे देना
जिसने दूरी और
नजदीकी की सीमा ही मिटा दी

बस एक दिन
चुपचाप मुझमें शामिल हो जाना
और जीवन भर खोजता रहूँ
हरेक आँखों की नमी में
बारिश की ठंडक में
हवाओं की सरसराहट में

[महाकवि कालिदास के काव्य सौन्दर्य में प्रणय की वेदना के साथ विरह की व्यथा का समावेश रहता है। उनकी वेदना के तार जब झनझनाते हैं तब गीत फूटते हैं—अधर पर मुस्कुराहट है, नयन से नीर बहता है। हृदय की हूक हँस पड़ती है, उसे जग गीत कहता है।]

मैं गैर नहीं हूँ मित्र

मैं अगर गलत हूँ
तब समझाया कर।
मैं तेरा ही हूँ
बस हक तो जताया कर॥

मैं जाऊँ जब दूर कहीं
मेरी सीमा भी बताया कर।
जब सांध्य आ जाए
आकर रोशन कर जाया कर॥

मैं गैर नहीं हूँ मित्र
कभी भी न ठुकराया कर।
प्रेम की खातिर
तू मत मुझको सताया कर॥

जीना पड़े मेरे बगैर
कभी भी मत घबड़ाया कर।
तुम में ही समाया
इस बात को अन्दर पाया कर॥

जीवन में प्रेम के लिए
इस दिल पर थोड़ी दया कर।
जो मिला बहुत मिला
ये दिल इसे खूब गाया कर॥

[कुछ रिश्ते दिल के पास होते हैं और खास भी होते हैं। इसलिए कभी इन रिश्तों में कुछ किन्तु-परन्तु आए तो थोड़ा रफू करके देखना चाहिए। जीवन फिर से नया लगेगा। कभी कुछ भी आसान नहीं होता, उसे अपनेपन के भाव से प्रगाढ़ बनाना होता है।]

अपने मन की गुल्लक में

अपने मन की गुल्लक में
एक छोटे बच्चे की तरह
जमा करता हूँ
तुम्हारी सुनहली यादें
हरेक आहट में सिमटा
तुम्हारा स्वर, रूप और गंध

तुम्हारे संग बिताए
हर समय को समेटता
इससे पहले कि
वे सारे खर्च हो जाएँ, उन्हें
अपने गुल्लक में
भर लेना चाहता हूँ।

तुम्हारी आँखों को, और
उसमें दिखते जीवन को
बचा लेना है, ताकि
तुम्हारे बिना भी
तुम्हारी आवाज, तुम्हारी आँखें
और तेरी होने के भाव संग
जीना आसान हो सके।

मन के गुल्लक में
तू सदैव ही रहोगी
मेरे पास सदैव
तुम्हारे पल, तुम्हारी खुशियाँ
उन बातों में सिमटा सुकून
सब कुछ ही तो
समय के अन्तराल के बाद
रह जाएगा मेरे पास।

[एक गुल्लक मिट्टी का होता है, एक गुल्लक हमारे मन में होता है। यह जीवन भी गुल्लक है, जिसमें हम अपने अच्छे और सुनहरे पल को सँजोकर रखते हैं। गुल्लक का उपयोग तब होता है, जब हम परेशानी में होते हैं। हम सभी को अपना गुल्लक बड़ा रखना चाहिए ताकि उसमें कुछ बेहतरीन पलों को सँजोकर रखा जा सके। ये पल ही तो हमारे जीवन के विपरीत समय में सहारा बनते हैं।]

तेरे साथ मिलकर प्रेम...

तेरे साथ मिलकर प्रेम
साँसों के संग
एक नई दुनिया बनाता है

सुगंध की तरह
जब चहुँओर फैल जाए
तो सम्बन्ध को
भाव से भर देता है।

पहली बारिश की तरह प्रेम
बरस जाने पर
मन को भीनी-भीनी
महक देता है।

प्रार्थना की तरह प्रेम
ईश्वर के चरणों
में उतर जाने पर
जीवन को अर्थ देता है।

प्रेम बस
नमक की तरह

हरेक बार ही
जीवन के हमारे स्वाद को
बस बढ़ा देता है।

[महाकवि वाल्मीकि का शोक ही प्रेम श्लोक में परिणत हो छलक पड़ा। उनका मानना था कि करुणा एवं वेदना की गहरी ठेस जब लगती है तो अन्तःकरण में सोया हुआ प्रेमरस जाग उठता है। उनकी इस भाव ने भारतवर्ष का महानतम महाकाव्य रामायण दिया था।]

प्रेम को इतना फैलाना

प्रेम को इतना फैलाना
मेरे और तेरे की सीमा न हो
मैं खत्म हो जाऊँ,
मुझमें तेरेपन का एहसास
अनन्त तक पसर जाए

तुम प्रेम को इतना फैलाना
जिसमें हमारे होने का
पता ही न रह जाए,
बस एक विस्तार रह जाए
और सारा विस्तार
हमारे प्रेम से आप्लावित हो

प्रेम को इतना फैलाना, जहाँ
हमारे जीवन के केन्द्र पर
सारे जगत की परिधि बन जाए
हमारे प्रेमबिन्दु से
जगत का विस्तार हो
बीच में कोई खाली जगह नहीं
बस हमारी प्रेम की सत्ता हो

प्रेम को इतना फैलाना
जीवन की बात चले, तो
हमारी स्मृति आए,
भेद बस कल्पना में रह जाए
यह सारा जीवन प्रेम हो
और प्रेम का अंकुरित बीज
अनन्त यात्रा का हिस्सा हो जाए

[न्यूयॉर्क के एम्पायर स्टेट के सामने मोनार्क होटल के रूफ टॉप पर रात 12 बजे डिनर और ड्रिंक कर रहा था। हल्की बारिश और रोनी में समूचे परिवेश में शाश्वत शान्ति पसरी थी। सब बस अपनी खुश और खामोश के साथ दिख रहे थे। उस पल मेरे मन में भाव उठा कि प्रेम भी इतना ही ऊँचा और विल हो जाए, तो संसार कितना सुन्दर और सुरमई हो जाएगा। बस टिश्यू पेपर पर लिख लिया... ।]

मैं गया, तब तुम थी

मैं गया था पहली बार
तुम्हारे साथ
वन वर्ल्ड सेंटर पर

वहाँ मैंने सबसे पहले देखा
हमारा स्पंदन,
जो मिटने के बाद भी
नाशपाती पेड़ के साथ जीवित था
वह सारी यादें।

बस तुम सिमट गई थी
अपने में केवल,
जैसे पानी घड़े में, फिर
फव्वारे के रूप में बह जाती हो,
शरीर से शिराओं में,
अपनी त्वचा तक में
बस तुमको महसूस करता

प्रेम की अनुभूतियों में संचित
तेरा मेरा रिश्ता
हर बार राख से जीवित हो उठता
तू भी सती नहीं बन रहतीं

और न ही मैं केवल शिव
पार्वती और महादेव के रूप में
हमारे प्रेम को कोई नहीं झुका सका

उस शाश्वत को
भाषा से अभिव्यक्त करना सम्भव नहीं
बस उस दीवार को स्पर्श करना
नाशपाती के कोंपल को छूना
सभी इन्द्रियों को प्रेम से
स्वयं को स्वयं से जोड़
उस शाश्वत से युक्त करना

शब्दों का कोई अन्त नहीं
इस जगह पर
निःशब्द होता जा रहा हूँ
केवल तेरे साथ,
बस रहने की इच्छा है
समय और स्थान से मुक्त।

[प्यार की शक्ति पर जो सवाल उठाते हैं, उनके अस्तित्व का कारण भी यह प्रेम ही है। इस आकर्षण के कारण ही यह दुनिया जीव और जीवन से परिपूर्ण है। अन्यथा पूरे जगत में वीरानी छाई रहती। यह सृष्टि प्रेममय है। जगत में मृत्यु से ज्यादा जीवन है, जीवन का आधार ही प्रेम है। प्रेम की असीम शक्ति को वन वर्ल्ड सेंटर पर अनुभूत किया जा सकता है। लेकिन वहाँ जाइए, तो उस प्रेम के साथ...।]

तुम पत्थर नहीं हो लेकिन

अर्शिया, सुनो!
हम दोनों के बीच
सिर्फ समय की लड़ाई है
तुम्हारे पास मेरे लिए समय नहीं
और मैं हूँ कि
तुम्हारे सिवाय किसी का कोई अर्थ नहीं
बस इसी बात का दुख है

यह बात भी मुझे परेशान करती है
मैं औरों की तरह नहीं हूँ
अगर मैं भी इस दुनिया की तरह होता
तो फिर कोई शिकवा-शिकायत नहीं होती,
दिल में बात की कसक उठती है
परन्तु क्या करूँ, अगर तुम्हारे पास समय नहीं

अर्शिया, इतना बताने के बाद भी
अगर हमारी बात समझ नहीं आती
मेरी खामोशियाँ, मेरा अकेलापन
रात को जागना, और दिन में ऊँघना
हर पल निकलते दर्द के स्वर
शायद ही कभी तुम समझ पाओ

देखो, मैं खूब जानता हूँ
तुम पत्थर नहीं हो लेकिन
बस पत्थर सा दिल बना लिया है
लेकिन मैंने देखा है उस पत्थर से
कुछ अंकुर फूटते हुए
उस पत्थर दिल को मोम बनते हुए
हल्की सी नमी उस पत्थर के निचले हिस्से में

अर्शिया, यह सिर्फ मैं जानता हूँ
पत्थर से दबे पानी को एक बार देखना,
बस एक बार मेरी खातिर।

[आँखों में द्वंद्व होता है जबकि हृदय चीजों को स्पष्टता से देखता है। जीवन में प्रेम कभी भी पत्थर नहीं हो सकता है। पत्थर दिल के नीचे ही फूल होते हैं। हमारी स्थिति यह है कि हम भीतर कुछ हैं तथा बाहर कुछ और बने रहना चाहते हैं।]

प्यार करना बड़ी बात नहीं

प्यार करना बड़ी बात नहीं
इस प्रेम को निभाना बड़ी बात है

बिना स्पर्श के प्रेम जताना
दूर रहकर भी साथ होना
हर रोज उसी की चुनना
सिर्फ देखकर ही एहसास में जीना
हमारे प्रेम में होने की पहचान है।

यादों से ही महक जाए वजूद
यकीन इतना कि वह साथ है खुद
वही रहे हर शिकायत के बावजूद
कभी साथ आए तो जीवन हो बेसुध
हमारा प्रेम नितान्त अकेले का गान है।

प्रेम जब ठहर जाए धड़कन के बीच
आँख बन्द में भी उसी खुशबू की रीझ
मिलने पर जैसे ईश्वर के चरणों में शीश
प्रेम दो जिस्म और एक आत्मा का संज्ञान है

प्रेम करना बड़ी बात नहीं
प्रेम में मीठा दर्द होना साक्षात है।

[जब हम किसी को प्रेम देते नहीं हैं, और केवल पाने की आस रखते हैं तो जीवन समस्या बन जाता है। हमारे जीवन के केन्द्र में एक ही प्यास है। वही बेचैनी बनकर हमको जीवन कर्मरत रखती है। यह अभीप्सा प्रेम है। अगर प्रेम हमारे अन्दर नहीं है तो जीवन व्यर्थ लगता है। काम में मन नहीं लगता। और हरेक आस अपूर्ण रह जाती है।]

चुपके से सुन जाना तुम

पूरे दिन पहाड़ की गोद में
अपने को महसूस करूँ
जब घंटों शून्य को निहारते रहूँ
घास की ओस मुझे छूकर निकल जाए
कुछ करने का नहीं हो, बस
तुम कभी-कभी आ जाना
कुछ सवाल करेंगे

जीवन में कुछ करने को नहीं बचे
समय ही समय का सफर हो
मेरी तन्हाई जब मुझसे बड़ी हो
खाली सा, शान्त सा शून्य का वजूद
अगली धड़कन की उम्मीद बची हो, तब
अपनी अहमियत जानने
एक बार ही सही आ जाना,
दिल की केवल बात करेंगे

व्याकुल सा मन बहुत कुछ कहना चाहे
चित्त जब न देख सके
मन भी अनकहे
शब्दों को पढ़ने में हो असफल
शान्त बहती नदी की तरह

जीवन बहता चला जाए
चुपके से सुन जाना तुम
कभी धड़कन के शोर में
मेरे आँसुओं को

जो आतुर रहता है
तुझमें समाहित होने के लिए।

[घास की एक पत्ती पर ओस की एक बूँद। इसमें सारा आकाश दिखता है। जीवन भी ऐसा ही सरल है। हम एक पल में, एक स्पर्श में और एक ठहराव में समूचे सफर को महसूस कर सकते हैं। परन्तु समय कहाँ है? जीवन भाग रहा है, हम भी उसके साथ शामिल हैं। यह भागमभाग कब थमेगा। इसलिए सुनना जरूरी है... ।]

प्यार करना नहीं आता

प्यार करना नहीं आता
बस तुझे देखा
तुम बहुत अच्छी लगीं
उसके बाद
कुछ भी अच्छा नहीं लगा

प्रेम बताना नहीं आता
मेरी देह में
एक प्यारा ह्दय है,
तुम बस वहीं रहती हो

सुकून अलग है
साथ का नहीं
तुमसे बात करने के बाद
यह एहसास आता है

हर बार कहकर भी
बहुत कुछ
बाकी रह जाता है
कहाँ भर पाता है
तुमसे दूर,
मेरा आखिर यह मन

बहुमूल्य चीजें
बहुत पसन्द है मुझे
इसका सबसे बड़ा सुबूत
तुम हो, बस तुम।

[घनानन्द को प्रेम की पीर के कवि कहा गया है। उनके काव्य में विरह की पीड़ा इतनी तीव्र है कि बाद के साहित्य में उनके प्रतीक दिखाई देने लगे। उनके काव्य में पीड़ा इतनी गहरी है कि राधा कृष्ण भक्ति के प्रसंग में भी सुजान के विरह को व्यक्त करते रहे—ऐसी रूप अगाधे राधे, राधे राधे, राधे, राधे। तेरी मिलिवे को ब्रजमोहन, बहुत जतन हैं साधे।]

तुम्हें देखते हुए

तुम्हें देखते हुए
हर पल लगता है
सृष्टि की सुन्दरता का
पूर्णविराम हो तुम

तुम्हारी आँखें
चमकीले तारे हैं व्योम में
जिसे देखकर
न चाहे तो भी, मन वसन्त
तन फागुन हो जाए।

तुम्हारा स्पर्श
पलाश की धधक
हँसी में रहता
मादक महक,
जो उदास मौसम को बना दे
प्रेम की कुसुमित स्मृति

तुम्हें बचा कर
रखना चाहता हूँ
सिर्फ प्रेम की खातिर
अन्त तक

जब प्रेम नहीं होगा
तब तुमको ही
फैला दूँगा,
दिग्दिगंत तक

त्वचा की नरमी
पत्ते में भरेंगे हरियाली
देह के सौन्दर्य से
पृथ्वी पर आएगा
वसन्त पक

उस अन्त के पूर्व
तुम भी, मैं भी
और प्रेम भी नहीं होगा,
पर, तुम्हारा प्यार रहेगा
अपना सुवास लिये
अनन्त तक।

[हम जीवनभर चलते हैं, कुछ खोजते हैं और जीवन भर इस ढूँढ़ने की प्रक्रिया में लगे रहते हैं। हमको क्या चाहिए? कुछ पता नहीं। पर कुछ ऐसा होता है, जो हमें बाँधे। इसके लिए हम निहारते हैं, कहीं दूर...]

तुम पढ़ना जरूर

तुम पढ़ना जरूर
अगर कभी तुम पढ़ो मुझे
एक बार नहीं, कई-कई बार
तब तुम शायद पढ़ सको
उन बातों को
जहाँ शब्द आकारहीन हो गए

तुम जब कभी पढ़ना
थोड़ा ठहर जाना
हरेक पन्नों पर
शायद कुछ दिख जाए
अक्षर और आकार
के उलझन में मेरा रंग

यह याद रखना तुम
हर कुछ खत्म हो जाएगा
मैं एक किताब के रूप में रहूँगा
जिसके पहले पन्ने पर
प्रेम दिख जाएगा, और
आखिर के पन्नों पर प्रतीक्षा

बस यहीं पर तुम सुनना
बीच के पन्नों पर
निराकार, पर सगुण
ऊर्जा से भरपूर हर पन्ने पर
उकेरे उन सभी मौन शब्दों को

जरूर पढ़ना तुम
तरंग के रूप में सदैव मौजूद
जो कभी लिखा नहीं गया, लेकिन
सदैव प्रार्थना में लीन
वे मौन और अरूप शब्द

मेरे मौन को एक बार
तुम सुनना जरूर
महसूस करना
जब कभी तुम्हारी इच्छा हो
लेकिन मेरे पास बैठकर।

[किताब में शब्द होते हैं, उसमें चिन्ह होते हैं और हमारी भाषाएँ होती हैं। हम केवल उन शब्दों को पढ़ते हैं। उन शब्दों के बीच भाव को समझ नहीं पाते हैं। जब हम कुछ पढ़ें। शिलालेख की भाँति पढ़ें। एक बार में सार को समझना कठिन होता है। पढ़ने के लिए आँख और मन पर जोर देना नहीं बल्कि दिल को सरल और दिमाग को सहज करना होता है, बस...।]

तुझे पाना किस्मत में नहीं मगर

तुझे पाना किस्मत में नहीं मगर
चाहत में उम्र-भर यूँ ही चलूँगा

यादों में आती हो हर वक्त मगर
आवाज तुझे कभी नहीं करूँगा।

करना नहीं कभी किसी से बात
हर घड़ी तुझको मौन में वरूँगा।

हर शब्द तेरे लिए होगा अर्पित
मगर अब वो नाम नहीं लिखूँगा।

चला जाता हूँ तुम्हारे जीवन से
मगर तेरे बिन कहाँ मर सकूँगा

तुम्हारी प्रतीक्षा का विश्वास लिये
ठूँठ सा धरा पर बस जिन्दा रहूँगा

[प्रेम और इश्क में अन्तर है। प्रेम बहुत पवित्र होता है। यह भावना से जुड़ा होता है। परिवार, मित्र और समाज को यह जोड़ता है। इश्क थोड़ा अलग होता है। इसमें हम अपनी हद को पार करते हैं, कितना सह सकते हैं। अपने को कितना बेहतर कर सकते हैं।]

तेरा मेरा रिश्ता

फूल को देखते हुए
तुम जब खो जाती हो,
तब तुम्हारा ही छाया
उस पर
छा जाता है कोमल बिम्ब बनकर

जब तुम पानी को निहारती हो
उसकी लहरों में
तुम्हारा अस्तित्व
उस अथाह गहराई सा
अमिट बन जाता है

तुम्हारा मन और मौन
स्वयं ही आकार लेता है
कुछ पल में रिश्ता बनाकर
प्रेम का यह रंग
केवल तुमसे ही नहीं
स्थान और समय के परे
तुम्हारे होने से भी है

यह एहसास है मुझे
बिना छुए प्रेम को प्रकट करना

जुदा रहकर भी साथ चलना
अपने मुस्कुराने के साथ
फूल को हँसने का अवसर देना
इन सबमें प्रेम के तंतुओं से
हमारे रिश्तों को बनाती हो तुम।

[एक सवाल है कि क्या हमारा सम्बन्ध बिना मेरे और तेरे का नहीं हो सकता है? हमारे सम्बन्ध में मेरा-तेरा की होड़ क्यों होना चाहिए? जब हरेक व्यक्ति स्वतंत्र है तो सम्बन्ध में शोरगुल का कोई मतलब नहीं है। हम मौन और एकान्त में भी साथ हो सकते हैं। जीवन में हमारा रिश्ता इतना कमजोर होने का कारण है कि हम सदैव उसका प्रदर्शन करना चाहते हैं। इस सृष्टि में रिश्ता वहीं टिकता है, जिसका स्वरूप अदृश्य सा होता है।]

मेरे पास आओ ना

मेरे पास आओ ना,
मैं चाहता हूँ, तुम
पूरा एक दिन साथ रहो
समीप पर थोड़ा दूर
तुम्हें अपलक निहारते रहूँ,
और आँख का पानी सूख जाए

अपनी एक चीज रखने
की अनुमति दो।
बस एक पल का
तुम्हारे साथ यादों का सफर
जिसमें अपने को भुला दूँ
और तुम कभी फिर न मिलो

तुम आवोगी न मिलने
जीवन से फुर्सत के कुछ पल चुरा
तेरी खुशबू के संग में
सर रखकर आसमान निहारते
उसी अनन्त में मैं खो जाऊँ
तुमसे दूर सदा के लिए

मैं इन्तजार करूँगा
समय की सांध्यवेला में
हर चेहरे में तुझे महसूस करते
खुद के स्वर में ढूँढ़ते
कदमों की थिरक में
प्रेम के बनते पदचिन्ह के साथ

केवल एक बार आ जाना
मेरे अस्तित्व के पास
और, सिर्फ मुस्कुरा देना
मैं यह समझ जाऊँगा
तुम मेरे साथ हो
जीवन के अन्तिम पहर तक

[जैसे जीवन और मृत्यु पल भर का खेल है वैसे ही प्रेम भी क्षणिक होता है। परन्तु इसका प्रभाव अमिट होता है। इसके लिए सम्पूर्ण अस्तित्व, अनन्त काल और हरेक शिखर सफलता को छोड़ा जा सकता है। ऐसी स्थिति में व्यक्ति अपने लिए कुछ नहीं चाहता है। बस वह जिसे चाहता है, मानता है और पूजता है, उसकी खुशी, उसके विकास तथा उसकी अच्छाई की चिन्ता रहती है...]

तुम्हारे साथ होता हूँ जब

तुम्हारे साथ होता हूँ जब
जीता हूँ मैं
बेहतरीन ठहरे लम्हे
जादुई एहसास का स्पर्श
आत्मा में सुगंध का वास
और कुछ अनकहे रिश्ते

तुम्हारे साथ होता हूँ जब
करता हूँ तुमसे
जीवन की सुन्दर मुलाकातें
दास्ताँ बन जाए वो बातें
सदैव साथ रहे ऐसी रातें
जन्मों की अपनी ये चाहतें

तुम्हारे साथ होता हूँ जब
तो मुझे लगता है
कि, अकेला नहीं हूँ मैं
कोई दिव्यात्मा खड़ी है
प्यास को अमृत से भरा है
अमिट विश्वास को गढ़ा है
जीवन में उसका अर्थ बड़ा है

तुम्हारे साथ होता हूँ जब
तब मिलता है मुझे
बातों में जीवन की यादें
हर यादों में कदमों की थिरक
उस आहट का एक पल ही
सारा आसमान देखने का
सम्मोहक विश्वास दिला जाते

[हम कभी भीड़ में भी अकेले होते हैं और एकान्त में भी बेचैन। टेढ़ा मन हर परिस्थिति में बेचैनी खोजता है, या सीधा हृदय का स्वभाव हरेक के साथ जीवन को बेहतर करना चाहता है। इतनी सी बात समझ में नहीं आने के कारण हम टेढ़े हो जाते हैं। अगर हमारे पास भी सीधा-सादा हृदय हो, जीवन वक्र नहीं बेहतरीन बन जाता है। सब कुछ हमारे सुनने, समझने और व्यवहार में सरलता को अपनाने पर निर्भर है।]

सोल जर्नी

हमारा सम्बन्ध सरल और सीधा नहीं
हर दिन एक पड़ाव और उस हरेक ठहराव में
सिमटा होता तर्क, मजाक और ढेर सारी अनुभूतियाँ
जो इन अन्तराल के दुख को खत्म कर
हमारे रिश्तों में सदैव ताजगी व मधुरता भरती

हमारी बातचीत में केवल सहजता नहीं
एक दूरियाँ, उसमें छोटी-छोटी चुप्पियों संग
ढेर सारी आशा और विश्वास रहता है, जो
खुशियों को महसूस करने, और
उसको चिरस्थायी बनाने में केटलिस्ट बन जाते हैं

हमारा विश्वास केवल आमने-सामने का नहीं
जब हम साथ नहीं तब आत्मबल देनेवाली साँस
प्राण से प्रेम की धारा बन बाहर आते,
चेतना को सुलाने के बदले सजग बनाता
और खामियों को दूर करता जाता

अर्शिया, रिश्तों के सफर में काफी हो तुम
स्वयं की खोज में जहाँ मिले वह भी तुम
जिसके होने से सुकून मिले जीवन में
वह दोस्त भी तुम वह गुस्सा भी बस तुम

रूपान्तरण की यात्रा में माफी में बसी हो तुम
अन्तिम ख्वाहिश छूते जब सफर पहुँचे
उस विराम की चाहत में भी केवल तुम।

[यूनानी दार्शनिक कहते हैं कि हम प्रकृति के चार तत्त्वों से मिलकर बने हैं। ये तत्त्व मिलते हैं और अलग हो जाते हैं—केवल फिर से दुबारा मिलने के लिए। उसी प्रकार हम जीवन में किससे मिलेंगे। यह निश्चित होता है। कब मिलेंगे, यह भी तय होता है और उस यात्रा का परिणाम भी लिखा होता है। बस हम अपनी भूमिका अदा करते हैं।]

कोई अचानक उदास नहीं होता

अर्शिया सुनो।

कोई अचानक उदास नहीं होता
ना ही अनायास चेहरा गमगीन बनता है
हँसता चेहरा एकदम से मुरझा जाए और
चंचल व्यक्ति चुप्प नहीं हो जाता

प्रार्थना के फूल देव तक नहीं पहुँचता
मन के भाव जब वह नहीं समझ पाता
जीवन बस प्रयास का नाम हो जाए
मन के भाव मन में रह जाए
तब व्यक्ति खुद को टूटा पाता है

तुम कहती हो कि—
अगर प्रार्थना एकतरफा है तो
इस अनन्त सफर से आ आशा क्यों है?
अर्शिया, यह एकतरफा प्रार्थना
यानी मेरा पूरा समर्पण,
यह किसी वजह से नहीं
बेशर्त होता है और बेमतलब रहता है

केवल पाना नहीं,
सोचकर जिन्दा रहना प्रेम
और प्रेम की सतत धारा ही प्रार्थना है।

[वर्तमान में हम जैसा जीवन जी रहे हैं, उसमें किसी भी भाव का जीवन से कोई सम्बन्ध नहीं है। सब कुछ क्षणिक है और हम मानसून के मौसम की तरह धूप और बारिश की तरह होते हैं। यह हमें सुख दे सकता है और यह हमारे दुख का भी कारण हो सकता है।]

कैसी उम्र में मिली हो तुम

कैसी उम्र में मिली हो तुम
दिल में बहुत चाहत उठती है
अपने पूरे शरीर को रोप दूँ
तुम्हारी ही देह की मिट्टी में, और
पेड के रूप में उग जाऊँ
एक बार फिर से खुद।

तुम्हारे लिए बारिश को बुलाऊँ
उस बारिश में तुम भीगो, और मैं
बस महसूस करता रहूँ
पेड़ के साथ बड़ा होते हुए
तेरे चेहरे, तेरे बदन और तेरा सुवास।
काँपता आसमान, स्थिर धरती के बीच
तुम्हारे आगोश में चहकता।

सुनो अर्शिया।
देह की एकरूपता में
अँधेरी रात का समय हो, और
हमारे जीवन में बस शामिल हो—
सुदूर आकाश में तारे,
बदन पर जुगनुओं का मेला
पेड़ की झुरमुट में टिमटिमाता दिया

उसी रोशनी में तुझको देखता
जिन्दगी के सफर में बस तुम

तुम्हारे होने में मेरा अस्तित्व हो
वसन्त देखूँ तो तुम्हारे संग
भीगना चाहूँ तो साथ-साथ,
एक सम्पूर्ण वृक्ष की तरह, फिर
बदन के हर रोम से बाहर आकर
ढेर प्रतिरूप संग
निकल जाना चाहता हूँ
अनन्त एहसासों के सफर पर।

[महान दार्शनिक सार्त्र ठीक कहते हैं कि "प्रत्येक मनुष्य को जो कुछ वह है, उसके प्रति सजग किया जाए। और उसके अस्तित्व के पूर्ण उत्तरदायित्व को उसी में स्थित किया जाए।" यह इसलिए भी जरूरी है कि हम चुनाव करने को स्वतंत्र है लेकिन चुनाव के बाद भी वेदना झेलने को अभिशप्त होते हैं।]

तुम्हारा तो पता नहीं

तुम्हारा तो पता नहीं,
पर मेरा मन मचलता है
तेरी गोद में सिर रख
तुमसे बात करने के लिए

तुम बिन, यह उम्र गुजार दूँ
ऐसी व्याकुलता में
कठिन हो एक पल बीतना
तब मेरा दिल तरसता है
तुमसे मुलाकात करने के लिए

छू जाता मुझे
जब तुम्हारा एहसास
यूँ ही दूरियों के दौरान
सुकून के बस उन पलों में
मेरी आत्मा पुकारती है
जीवन की इस बरसात के लिए

अब तो दिन के बाद
सोने के साथ भी

चलती रहती हैं तुम्हारी अनुभूतियाँ
खाली जीवन की यात्राओं में
मेरा अस्तित्व बुलाता है
जीवन में अर्थपूर्ण साथ के लिए।

[विश्व के महानतम मनोवैज्ञानिक में सिगमंड फ्रायड का नाम आता है। वह कहते हैं कि आदमी बिना झूठ के जी नहीं सकता। झूठ सहारा है। उससे राहत मिल जाती है, लगता है कहीं जा रहे हैं। यह जीवन को सांत्वना देता है कि काश! हमारा झूठ सही हो जाए। परन्तु हम जैसा चाहते हैं, वैसा हो जाए यह सम्भव नहीं लेकिन उन चाहत के साथ जीना, जीवन को सुखमय बना देता है...। कदाचित यह कई लोगों के लिए सही हो।]

अखंड है तेरा नाम

उसे देखने के लिए
ऊँचा उठना होगा,
उंसे जानने के लिए
खंड का भाव मिटाना होगा

अखंड है उसका नाम
उसे पूरा जानना नहीं होता
पूरा जानने के लिए
खुद को
उसमें समाहित करना होता है

उसमें ही है
यौवन का सौन्दर्य
नव पल्लव का जन्म
और सावन का इतराना
सब कुछ वही है।

[सब कुछ अपूर्ण और अस्थायी है। जब लाखों साल के पहाड़ हो जाते हैं। हजारों साल से बहती नदियाँ और जंगल विलीन हो गए, तो वहाँ पूर्णता की खोज गलत है। चीनी दार्शनिक लाओत्सु ने कहा कि श्रेष्ठतम पूर्णता भी अपूर्णता के समान है। जहाँ पूर्णता की अवस्था है। वहाँ विकास का विकल्प नहीं है।]

समय के साथ

कोई है जो
खेलता है हमारे साथ
एक स्पर्श और
एक जादुई एहसास के साथ

वह एहसास अपने साथ
समय की रेखा मिटा देता
शरीर को छूता,
हमारी दूरियों के बाद भी
सदैव साथ रहता

उसकी पदचाप में
कुछ छिपाने को नहीं होता,
उसके एक क्षण में
हमारी सजग उपस्थिति
एहसास की स्मृति को
अमर बना देती।

जगत में उसके साथ
जो भी है,
केवल वर्तमान है, बाकी
सब अनाम, अमूल्य और

सभी सीमाओं के परे
शब्दहीन सम्बन्ध का खेल है

[जीवन खेल है। यह खेल सदैव वर्तमान में चलता है। हम अतीत या भविष्य में होते हैं। इसलिए सदैव अबूझ पहेली की तरह समय की आहट होती है। सृष्टि में समय के साथ वही चला, जो शब्द से परे, स्थान की सीमा से दूर और भाव की असीमता में खुद को पाया।]

प्यार एक तितली है

प्यार एक तितली है
जो मन तरंग की भाँति
रंग और खुशबू का एहसास देती,
उसे जब हम देखते
खामोशी से गायब भी हो जाती

प्यार एक स्त्री है
हम उसे पाना छोड़
अपना दोस्त बना ले, ताकि
कुछ छिपाने को नहीं रहे
और छुए बिना भी
एहसास को महसूस किया जाए

प्यार मन्दिर की सीढ़ियाँ हैं
प्रभु और प्रेम मिलेंगे
इसे हम नहीं जानते
लेकिन यात्रा रुकती नहीं
और हरेक कदम में
पूर्णता का विश्वास बढ़ता जाता

प्यार का नाम परमात्मा है
अगर हमारी परिभाषा मिट जाए

और, प्रेम इतना मौन हो, जहाँ
मिलाने वाला कोई नहीं रहे
एक वह और दूसरी
बस उसकी ही आवाज हो।

[आँख अगर प्रेम की हो, तो समूचे जगत में ही ईश्वर दिखते हैं। ओशो कहते हैं कि जानने एवं स्वीकार करने का सबसे बेहतरीन तरीका है खुद में प्रेममय होना। इस प्रेम की अनन्त बूँदों का नाम ही परमात्मा है। हमारे अन्दर प्रेम नहीं है, तो जीवन और जगत में द्वंद्व और द्वैत दिखता है, जबकि यह जगत केवल प्रेम से चल रहा है...। परमात्मा से प्रेम का अर्थ ही है इस समस्त सृष्टि के सभी तत्त्वों के साथ अपने को जोड़ना।]

मुझे पसन्द है तुम्हारा सब कुछ

मुझे पसन्द हैं ये दूरियाँ
अगर यह दूरी न हो
तो, तुम्हारे पास आने का
कोई बहाना न मिले

मुझे पसन्द हैं वे चन्द लम्हे
जो गुजारे साथ-साथ,
तेरे साथ होने का
जाने अवसर कब मिले, तब
बाकी उम्र वे लम्हे
मेरे बहुत काम आएँगे

ज्यादा पसन्द हैं आँखें
इसकी गहराई में
जितना मैं देखना चाहूँ
उतना मुझे अबूझ लगता है

तुम्हारे अन्दर जो सब छुपा है
वह खूब पसन्द है,
इन रहस्य में खुद को खोना

और उन खोने के पल में
बस देखते रहना
एक जादुई एहसास देता है।

[अगर हमको कोई फूल पसन्द है तो उसे तोड़ते नहीं, क्योंकि उसे तोड़ने के साथ वह मुरझा जाता है इसी प्रकार यदि आप जीवन में प्रेम करते हैं, जीवन में पाने, तोड़ने और छोड़ने की सोच नहीं सकते हैं। इसमें जीवन में कोई जादुई स्वाद नहीं है। हम प्रेम में होते हैं, तो वस्तु और व्यक्ति में भेद नहीं करते हैं, क्योंकि प्रेम में सब पसन्द होता है।]

मुझे बस एक बार

मुझे बस एक बार
तुझसे मुलाकात करनी है,
तेरी गोद में सर रख
अपने दिल की बात करनी है

प्रेम करने का हमें
शौक नहीं है, लेकिन
तुम मिल गई हो, तो
सालों इन्तजार के
अपनी जज्बात रखनी है

दो क्षण की जिन्दगी में
तू अब गई है
तो रूठा न कर, यारा
तेरी गोद में, अपनी
दुखों की बरसात रखनी है

छूने की जरूरत नहीं
तुझे महसूस किया है मैंने,
उन एहसास को
आज तेरे साथ रखनी है

एक चाहत है
साथ अब जीने की
मुश्किल है बहुत
अपनी मृत्यु के पूर्व, बस
वह हालात रखनी है।

[जब हम खुद से प्रसन्न होते हैं। अपना मित्र खुद बन जाते हैं, तब हम किसी भी रिश्ते को सर्वाधिक बेहतर तरीके से संचालित करने का तरीका सीख जाते हैं। इसलिए जीवन में खुद से प्रेम करना ही जीवन को सर्वश्रेष्ठ बनाने का सरल तरीका है।]

होली एक महोत्सव है

होली एक महोत्सव है

यह शरीर, मन एवं बुद्धि के रास्ते
चेतना को फागुन से जोड़ता है

इसकी हर आहट में गुलाल
साँसों में अबीर, फागुन में गीत
मन के दर्पण में देह का संगीत
बस मन ऐसा आँगन खोजता है

धूप और छाँव के बीच
जब होता मीठा फिसलन
उस क्षण चेतना गुनगुनाती
तन के फागुन और
मन के सावन होने का

रंग नहीं हो तो
छोटी छोटी बातों में
हम उसे खोजने लगते हैं
रंग जीवन का सत्य है।
यह जीवन को बेरंग

नहीं होने देता
प्रकृति में चौतरफा रंगों की बौछार

जिन्दगी में कई रंग घुले मिले
लेकिन हमें फुर्सत ही नहीं
अकेले के रंग में व्यस्त,
यह समझ नहीं पाते
अकेले रंग का महत्त्व नहीं
इन्द्रधनुष भी सात रंगों से बनता है।

[जीवन में रंग की अपनी भाषा है। रंगों की अपनी कहानी है। प्रकृति में रंगोत्सव सृजन का सन्देश है। होली एकमेव प्रेम का रंग है, जो अपने विविध रंगों में जगत में आता है। यह प्रेम का रसायन ही जीवन को जोड़ने और सौन्दर्य का तत्त्व है। यह प्रकृति का सृजन है और परमात्मा का अनुराग है। इसलिए होली महोत्सव है।]

रंग में

रंग में
संसार का रस है,
रंग में ही
संसार की उलझने हैं

संसार में
उलझे हरेक आदमी
रंग के साथ
बेरंग होता है,
और, प्रेम रस में भीगा
शख्स
अपनी आभा से
सतरंग रचता है।

[जीवन में बस हम स्वाभाविक रहे। उसके अर्थ खोजना व्यर्थ है। सागर की लहरों की तरह हम इस अस्तित्व में गोता लगाते रहे। जीवन का प्रयोजन हो या उसका अर्थ। केवल एक ही को पता है। बाकी सब समय और गति के आबद्ध है। फिर इस रंग और रस में उलझना क्या?]

तुझ सा रूप कहीं नहीं देखा हमने

तुझ सा रूप कहीं नहीं देखा हमने
सारे जहाँ के फूल को देखा हमने

सूरत पर बिखरी मदहोश का आलम
इन आँखों से कम्पन को देखा हमने

मुस्कान से ही रूह पर छा जानेवाले
ऐसा चेहरा कहीं नहीं देखा हमने

तेरे संग हर ठहराव में बहा हूँ इतना
निकले ताप का असर देखा हमने

पता नहीं तुमसे दोस्ती क्यों है यारा
इस जन्म में पहली बार देखा हमने

तेरे संग रहकर एक बात सीखी मैंने
तू नही तो जहाँ को क्यों देखा हमने

[कभी मत पूछो, मेरा असली दोस्त कौन है? पूछो, क्या मैं किसी का सच्चा दोस्त हूँ? दोस्ती बिना शर्त एक प्यार का नाम है। जब मैं दूसरे के लिए अनुकूल हूँ और दूसरे से मैं अपने अस्तित्व को बेहतर कर रहा हूँ, तो फिर दोस्ती में और क्या चाहिए।]

रिश्तों में यह बन्धन

तुमने कहा था
प्रेम असीम होता है
फिर रिश्तों में यह बन्धन
बन्धन में नियम का विधान
इन विधान में जकड़ी
सम्बन्ध की सीमाएँ
प्रेम को थोड़ा-थोड़ा मिटाती

तुमने कहा था
प्रेम हर सुबह-शाम होता है
अगर यह सही है
तो तुम क्यों बदल गए
शाम से सुबह का
पता ही नहीं चलता
और तेरी याद में
हम बिता देते लम्बी रातें

तुमने कहा था
प्रेम का कोई नाम नहीं होता
तुमसे जोड़कर नाता
अब नाम का कहाँ पता
जीवन जिस मोड़ ले जाए

उससे हमको क्या खता

बस अनाम सी
स्तुतियों में अपनी इच्छा छिपाता
आता-जाता, हर सफर पर
काश! कहीं से कोई खुशबू
पैरों में गति दे दे।

[हम जो चाहते हैं, जब वह मिल जाता है, तब ही दुख की शुरुआत होती है। हमारी चाहत के पलों में दुख नहीं होता है। यह चाहत का एहसास होता है, जो हमें दुखी नहीं होने देता है। इन्तजार में, सपने में और आप में एक दैवीय और असीम प्रेम होता है।]

आधी उम्र गुजर गई है पास आने में

आधी उम्र गुजर गई है पास आने में
शेष जीवन बीतेगा तुझे यूँ चाहने में

जिन्दगी के रास्ते सदा ही रहा भटकता
अब मजा आएगा तेरे ही राग गाने में

सहज नहीं रहा है जीवन में तुझे पाना
आधी उम्र मैंने बिता दी ये जानने में

उम्र अब ही बीते तो भी गम नहीं
पर बाधा न हो स्मृति को सहेजने में

इसे दोस्ती या कुछ और कहूँ पता नहीं
बची साँसें गुजरें तेरी खुशबू को पाने में

[जीवन में हम कितने पल अपने लिए बिताते हैं। हरेक क्षण कुछ हमसे कहता है। हमारे पास समय नहीं है कि उन मधुर स्वर को सुनें। उन मधुर क्षणों में ही जीवन कुछ विशेष लेकर हमारे पास आता है। अगर हम उसे पहचान गए, स्वीकार लिये और उसके साथ चल दिये तो जीवन सार्थक हो जाता है...]

आज दूर से ही प्रेम का रिश्ता बनाया मैंने

तुम्हारे नाम का अबीर हवा में उड़ाया मैंने
आज दूर से ही प्रेम का रिश्ता बनाया मैंने

राधा के जिस रंग से कान्हा की पहचान बनी
उसी प्रिय पीले रंग को हाथ में उठाया मैंने

इस धरा के बेहतरीन गुलाबी चेहरे के लिए
साँसों की हर धुन में रंग को बसाया मैंने

ब्रज की गलियों में जिस सुगंध का है बसेरा
उसी गंध से खुद के मन को सजाया मैंने

तुम जब भी आओगी इस नदी के तीरे प्रिये
हरेक पल के लिए मधुप्रीत को बहाया है मैंने

[आज मुड़ देखता तेरे बना, पदचिन्हों को खूब मजा है इस मिठास कोने में होली राग और रस की धारा का नाम है। यह प्रेम के दिव्य एवं सर्वश्रेष्ठ जो यमुना और ब्रज की दहलीज पर रचा गया, वही राग मीरा और सूर के काव्य में रचा-बसा। उस राग की एक धारा आज भी हमारे अन्तर्मन के द्वार पर और यमुना की पानी एवं वृन्दावन के पेड़ों पर अटका पड़ा है। अगर ऐसा नहीं होता तो आखिर रसखान क्योंकर कहते कि फिर मनुष्य बन लौटूँ तो इसी कदम्ब की छाँव में बसूँ।]

अब क्या चाहे यह मन

तेरा रक्त चन्दन सा वंदन
चंचल चितवन
क्या कहूँ
मदहोश करती काया,
और सुवास संग
यह तेरा रूप का उपवन

तेरी मन्द मुस्कान
उस पर शर्म तेरी
तेरा सहज भोलापन
अब क्या चाहे, यह मन

बिना कुछ कहे
सवालों में उलझाकर
जवाब की गली में
फिर तेरा ही
करता मैं सदैव अर्चन

ये प्रेम,
अब तू ही बता
इस माया में
खुद को करूँ विलीन

या करूँ, इन्तजार
उसका जब हो स्मरण

[हर समय कोई हमारी ओर देखता है। कोई प्रसन्न होता है। कोई परेशान हो जाता है। परेश पानी एक चीज है तो प्रेम उसकी स्थायी दवा है। बस इसके लिए आदमी को कोशिश करनी होती है कि जीवन के उन पलों को जिया जाए, जिसमें बहाव भी है और जो ठहराव का भी कारण होता है।]

अनन्त काल से पुकार रहा

बिना वजह तो,
तुम नहीं मिली हो हमसे
हमारा हाथ जो छूट
गया था, पिछले जन्म में तुमसे

कुछ अधूरी रह गई थी
हमारे चाहत की कसक शायद
हम सिमट कर रह गए
तेरे पद से निकली उस धूल से

तेरा विराट सामने था,
हम रहे क्षुद्र की खोज में शामिल
जीवित प्रेम को ठुकरा
शून्य बन गया अपनी भूल से

अनन्त काल से पुकार रहा
अन्तर द्वार पर खड़ा, कि मिले
जीवन की श्रेष्ठता को छू
एक बार फिर जुड़ा अपने मूल से

अब जब मिले हो
तो वादा करो साथ निभाने का

कहीं ऐसा न हो,
मिलकर भी छूट जाओ

[बस जीवन ही है। उसके अतिरिक्त और कुछ नहीं है। कोई और है नहीं। जीवन ही जीवन है। न तो जीवन का कोई लक्ष्य होता है, और न ही इसका कोई कारण होता है। सब कुछ एक चक्रीय पथ पर चलता रहता है। कब कौन मिल जाए। आखिर यह अनन्त की यात्रा है, हर बिछड़ों से मिलने की हरेक पल सम्भावना निश्चित है। क्या नहीं है...]

तुझको जो भी हो पसन्द

तेरे सपनों में ही सिमटी गति
अब आँखें नहीं सोतीं कभी
सारे रंग तुझमें सिमट गए
बन्धनों से मुक्त मैं बहता
इस नदी तीर के तट पर
छूकर बस यही बताने
तुझको जो भी हो पसन्द

मन का काम बस सपना देखना
दिन में भी जब जागते
तब भी हर तत्त्व में तू ही
उस समय भी जब काम में व्यस्त होते
भीतर गहरे में तेरे स्वर की लहर
मुस्कान की तरंग से
फैलती सुगंध प्रकट करती
तुझको जो भी हो पसन्द

मेरे प्राणों में तेरे ही गीत भरे
तेरी ही ध्वनि और पदचाप
तेरे होने का एहसास दिलाता
मैं सूक्ष्म देह में
तेरे ही अन्दर समा जाता
क्या तू यह नहीं पाता

मेरे अन्तर के वही गीत के बोल
तुझको जो भी हो पसन्द।

[महान दार्शनिक जे. कृष्णामूर्ति कहते हैं कि जीवन के मायने ही सम्बन्ध और हमारे कर्म से है। इसलिए यह विचार हटाना होगा कि जीवन की उम्र ज्यादा हो। हमें हर रोज ज्यादा जीने की जरूरत है। हर दिवस के पल को पूर्णता में बदलने के लिए बस प्रेम ही ईंधन का काम करेगा। महाभारत में एक सूत्र है मुहूर्त ज्वलितं श्रेय:। इसमें तीव्रता की बात है। ऐसी तीव्रता, जिसमें अनन्त ऊँचाई हो और अछोर गहराई हो।]

तुम्हारे प्रेम में ताप है

तुम्हारे प्रेम में ताप है,
जो घने बादलों
और बारिश की बूँद में भी
चूमती है सारी पृथ्वी
सृजन का अंकुर रोपकर
और, मुझे साथ रहने का
निमंत्रण दे जाता

तुम्हारे प्रेम में आलाप है,
जो नभ और धरा के बीच
हरेक को खींचती अपनी ओर
खिड़कियों से चाँद की मधुरता
खेतों से असीम रस के सुवास
और मुझसे मेरे होने का एहसास

तुम्हारे प्रेम में थाप है,
जो बेचैनी से बाहर लाकर
हरेक साथ के बीते पल को
खींच कर मौन करता है
भरता है उत्सुकता से, और

और अन्दर तृप्ति का सुख
मुझे सदैव पूर्ण बनाता।

[अंग्रेजी के महान कवि डब्ल्यू. बी. ईट्स अपनी एक रचना में कहते हैं—जब तक वह नहीं पहुँच जाए, तुम्हारे मन के बसेरे में। वह तुम्हारे लिए गाते रहे...! मेरे द्वारा लिखे ये सभी शब्द, सभी वाक्य और सभी भाव पहुँचेंगे, सिर्फ तुम्हारे पास!]

तेरी चाहत की अभीप्सा

जीवन में मिलने की नहीं
बस तुझे हरदम चाहूँ
इसकी तुमसे मंजूरी चाहिए,

तुझे पाने से बच गया, तो
दुखी नहीं होऊँगा,
तेरी अभीप्सा का सुवास
उस मिलन से ज्यादा शुभ होगा
यूँ ही अकेला सफर में,
तेरी निरन्तर कामना
हमें कभी दुखी नहीं करेगी।

तेरी चाहत की अभीप्सा
हमारी प्रतीक्षा में
हमारे इन्तजार की घड़ियों में
सपने में आशा बनकर रहेंगी।
उस रस की सरिता में
फूल कभी नहीं मुरझाएँगे
पौधों का सूखना भी सहज नहीं होगा

तुम्हें पा लेना ही
मेरे अस्तित्व का मकसद नहीं

जिसे चाहे, जब चाहे
उसी की गहराई में
खुद को खोने का ज्यादा मजा है।

[महान दार्शनिक ऐलन वॉटस अपनी किताब 'दी वे ऑफ जेनश' में लिखते हैं कि जीवन में कामना सभी जीवों का अन्तिम लक्ष्य है। लेकिन पतझड़ में जैसे पत्ते झड़ जाते हैं और वसन्त में पुनः आ जाते हैं। ऐसा ही हमारे जीवन की कामनाएँ हैं। कामनाएँ हमारी दूरियों को मिटाती हैं, इसलिए उनका बने रहना हमारे उत्कर्ष के लिए जरूरी है।]

रिश्ते में रोज बात नहीं जरूरी

रिश्ते में रोज बात नहीं जरूरी
दिल में उसकी
हमें यादों की जगह हो
जिसे मौन में गुनगुना सके
फागुन में खुद को रंगीन बना सके
ताप में फुहारों में भिगा सके
जब दूरियों का साथ हो
उसका एहसास मन से न हट पाए

रिश्ते में रोज बात नहीं जरूरी
उसका होना बस मायने हो
हर कौतूहल में दिल में स्पंदन हो
एक बिम्ब में सिमटी
सारे प्रतिबिम्ब की कहानी हो, और
कहीं बाहर जाना नहीं
वट वृक्ष की भाँति सुनना
बार-बार उन बातों को
ढूँढ़ना खुद को सदैव उसके भीतर

रिश्ते में रोज बात नहीं जरूरी
बात में दोहराव होने से
सुवास सिमटता नहीं, बिखर जाता है

उन बातों के बीच
छिपे मर्म में खुद को खोजना
जहाँ स्वयं के होने में
उसका देने लगे परिचय, और
शब्दों के बीच अनन्त विस्तार में
अपने होने की अनुभूति दे।

11 मार्च, 2024, रात्रि 11.45

[कहा गया है कि जितना गहरे में हम जीते हैं, उतना गहरे में हम स्वयं को जानते हैं। इसके लिए किसी सम्बन्ध में, अकेलेपन में या रिश्ते में बातों की जरूरत नहीं होती है। जितना गहरे हम सम्बन्ध में जाते हैं, प्रेम में जाते हैं और बात से दूरियाँ बनती हैं। हमारा रिश्ता मजबूत बनता है। एक भाव... ।]

बस, यही मेरे प्यार की परिभाषा है

तुमसे थोड़ी बात की अभिलाषा है
बस, यही मेरे प्यार की परिभाषा है

अज्ञात के पथ पर जब था मैं हारा
प्राण को स्पंदन का मिला सहारा
स्मरण में रखने का प्रयोजन सारा
प्रेम के अखंड प्रवाह की यह धारा

तुमसे थोड़ी प्रभात की जिज्ञासा है
बस, यही मेरे प्यार की परिभाषा है

तेरे शब्दों के सुवास संग रुक जाना
सुवास के आनन्द में यूँ ही घुल जाना
तेरे सहज रस का मिठास फैल जाना
जीवन में मधुराग का वो मधुर गाना

तुमसे थोड़ी देर साथ की पिपासा है
बस, यही मेरे प्यार की परिभाषा है

तेरी ही आभा से बनता है मेरा फ्रेम
साथ होने पर लगती तू कुशल मेम

साँसों का तुमसे पूछना कुशल-क्षेम
सागर से मिलने को ये व्याकुल प्रेम

तुमसे थोड़ी मुलाकात की प्रत्याशा है
बस, यही मेरे प्यार की परिभाषा है

[प्रेम का अर्थ क्या है? ओशो कहते हैं कि प्रेम का अर्थ है दूसरे को अपना इतना बना लेना कि कुछ छिपाने को न रहे। मेरा मानना है कि सृष्टि का यह ऐसा शक्तिशाली रसायन है, जो इस संसार के सभी सृजनशील व्यक्ति, प्रकृति और ईश्वर के कर्म और लक्ष्य का सहचर है। इसे पृथ्वी का गुरुत्व कहें, ईश्वर का अनुराग या मानव का प्रेम कहें। मेरी परिभाषा... ।]

तुम्हारी कुछ साँस साथ रखना चाहता

तुम्हारे जिस ठहराव से
अन्दर रूपान्तरित हो गया, उस
सुवास को साथ रखना चाहता हूँ

तुम्हारी जिस पाँव की गति से
जीवन केन्द्र की ओर बढ़ चला, उस
अन्दाज को साथ रखना चाहता हूँ

तुम्हारे जिस मधुर स्वर से
अलग सोचने का ढंग मिला, उस
आवाज को साथ रखना चाहता हूँ

तुम्हारी जिस मुस्कान से
जीवन के ताप को छाँव मिला, उस
एहसास को साथ रखना चाहता हूँ

तुम्हारी हरेक उपस्थिति से
तुम को पाने का मधुराग मिला, उस
प्रवास को साथ रखना चाहता हूँ।

किनारे मेरे शान्त जीवन को
तेरी गरमाहट कुछ खास मिले, उस
तुम्हारी कुछ साँस को साथ रखना चाहता हूँ।

[प्रकृति में मैत्री ही उसका स्वभाव है। प्रेम कोई क्रिया नहीं है। यह स्वाभाविक घटना है। यह प्राकृतिक है। यह चेष्टा से नहीं की जाती है। पुरुष लक्ष्य को ही प्रेम बना ले तो उसका आकर्षण सदैव ही हमें शक्ति प्रदान करता रहेगा। एक भाव...]

तुम शायद न भी जानो

तुम शायद न भी जानो
मेरी अभीप्सा ही मौन स्तुति

प्रत्येक घटना में तू
और, जो कुछ भी मैं
उसमें भी बस तू
भीतर और बाहर बस तू
तुम शायद न भी जानो
तुममें पड़ाव और तू ही प्रगति

मंजरी की गंध
धरी रह गई
किनारे पर
जीवन पड़ी रह गई
मधुमास के राग में
क्लांत पिक रहा
तड़पकर कूक
तुम शायद न भी जानो
शान्त खड़े वट वृक्ष की मति

याद नहीं करना और न रखना
किसी वस्तु को छुए बिना

हिले भी नहीं
बुद्ध की भाँति खोजता
स्वयं को निरन्तर तुममें
तुम शायद न भी जानो
श्वास में सिमटी हमारी स्मृति।

[अस्तित्व की भाषा मौन है। विशुद्ध प्रेम की भाषा भी शब्द रहित होता है। और मौन ही इस मन के भाव को सही तरीके से व्यक्त करता है। जीवन में जो श्रेष्ठ है, वह मौन से ही आता है, अन्तर्मन को मौन में रखकर अपनी सर्वोत्तम बात कही जाती है।]

पॉजिटिव वाइब्स

पहले भी बहुत देखा था, लेकिन
उसी दिन एक सजीव जीवन दिखा
सम्मोहित आभामंडल
आँखों में प्रेम बनकर उतरा
उसे ही रात के तारों में झलकते देखा
दिन के प्रकाश संग
फूलों में सुगंध बनकर झरता

वह रूप रुका नहीं,
आत्मा पर आकर ठहर गया
हरेक आहट में जाकर बस गया
जब भी वह कदम मेरी ओर आते,
मैं तृप्त हो जाता
प्रेमपूर्ण हृदय में वह स्थिर हो जाती।

बहुत दूर भी रहकर
तुमको खुद के पास महसूस करता
हरेक मुस्कुराहट में
अपनी बेचैनी को कम करता जाता
अब आलम यह है कि
साथ रहूँ तो भी पागल होना है

और तेरे शब्दों को लूँ
तो दूर रहकर भी पागल हो जाऊँगा।

अर्शिया, तुमने जिस ऊर्जा को दिया
वह इसी तरह होना नियत था
जीवन का वास्तविक परिचय
इस वाइब्स के भीतर गुंजायमान
इसकी परिधि के बाहर बस अँधेरा है।

[पॉजिटिविटी भी जीवन का ही हिस्सा है। जब जीवन में पलभर ठहरने का मन करे, जब पलभर रुककर अस्तित्व को झरते हुए देखने की इच्छा हो। जब कुछ सुनने के लिए किसी के पास मौन रहा जाए। वह पल ही जीवन का सर्वश्रेष्ठ कालखंड है। बस...]

प्रेम है तभी तो मिले

प्रेम है तभी तो मिले
और करीब होने के लिए
तुमको मिलना होगा
नहीं मिलने से प्रेम
खत्म नहीं होता है,
प्रेम आजाद होता है
रिश्ते पर निर्भर कहाँ होता है
अस्तित्व पर विश्वास है
तो फिर मिलेंगे,
अगले जन्म में बिछड़े
तभी तो इस जन्म पर मिले
प्रेम सदा होता है
समय और स्थान से परे
हम मिले थे, तभी मिले हैं।

[जीवन सदैव एक सरहद है। जो भी घटनाएँ होती हैं, इनके बीच ही घटती हैं। अगर यह नहीं समझ में आए तो वही जीवन रेगिस्तान का सफर बन जाता है।]

मैंने देखा है उसे

मैंने देखा है उसे
काम में और परेशानी में भी
अपनी बात करना नहीं
दुनिया की समस्या सुलझाना
और सदैव खुश रहना पसन्द है

मैंने देखा है उसे
वह चहक कर बात करती
मन्दिर में सर भी झुकाती
उतावली रहती है, लेकिन
खुद में व्यस्त रहना पसन्द है

मैंने देखा है
वह अल्हड़ लड़की
निभाती रिता, लुटाती प्यार
चलती जाती, पर
खोई-खोई सी रहती
परिवार और दोस्तों की उलझन
इन सब में भी खुद को
दुनिया में स्थापित करना पसन्द है

मैंने देखा है,
सब में अच्छाई को परखते
उसका हिस्सा बनते हुए
दूरियों से ज्यादा रिश्तों में
मिठास को बढ़ाते, लेकिन
उसको हक जताना नहीं
स्वयं में दृढ़ रहना खूब पसन्द है

मैंने देखा है,
बौद्धिक अभिव्यक्ति में पूर्ण
सुकून की तलाश में भटकती
वक्त के हिसाब से बदलती
लोग दर्द देकर भी
मुस्कुरा ना सके
और तुम मुस्कुरा कर भी,
चलती रही
जो मूल्य चुकाना हो, उसे
अपने आप में रचना-बसना पसन्द है।

[अजीब बात है कि हमारा मन ठहरता नहीं है। हमारा शरीर भी बदलता रहता है। और हमारी आत्मा भी एक जगह पर कहाँ रहती है। एक का ठहरना, दूसरे के लिए गतिशीलता होती है। एक का उजाला दूसरे के अँधेरे को दिखाता है।]

तुम हो मेरे अन्दर

तुम्हारी मौजूदगी से भरा
मेरा हरेक केन्द्र
तुम होती हो, तब मैं होता
तुम्हारे शब्दों के साथ
एक बाहुपाश का घेरा बनता,
शब्दों के साथ
उसके अन्दर देखना
यह पहली बार जाना

हवा का सहारा लेते शब्द
जब मेरी ओर आते
इच्छा होती हथेली में भर लूँ
शब्द का जीवन्त रूप
तुम्हारे साथ जीवन का स्वरूप

एक लम्बे अन्तराल के बाद
उम्र ढल जाएगी
शरीर में आकर्षण नहीं रहेगा
उस दिन भी...मेरे लिए...

तेरे शब्द...तेरी आहट की तरंग
मेरे लिए मायने रखेगी।

[प्रेम में काव्य का सृजन होता है, लेकिन प्रेम में जीवन का विस्तार भी होता है। प्रेम साधारण बात नहीं है। यह धीरे-धीरे हमारे जीवन को ही काव्यमय बना देता है। जीवन का आनन्द बस उस प्रेमधारा के साथ स्वाभाविक बिना किसी क्रिया के बहते जाने में है।]

तुझे छूना चाहता हूँ

कौन रहता है?
इस शहर के बीच में
और उसके दिल में
तुम जान नहीं पाओगी, कि
कोई सोच रहा है
ठीक उसी वक्त
बेकरार है, तुम्हारे लिए

वह क्या है?
जिसे मैं पाना चाहता हूँ
हवा से हर साँस को खींचकर
उसकी खुशबू ली, फिर भी
नयेपन की गंध नहीं मिली

इसलिए तुझे छूना चाहता हूँ
सिर्फ मैं ही नहीं
यह पहाड़ी शहर भी
बाँहे फैलाकर बुलाता
देखता-पुकारता

किसी ऐसी की प्रतीक्षा
जिसे अपने दिल में उतार सके

थोड़ा और पहचान सके
जो हममें भी उतर सके, और
जिसमें हम भी उतर सके।

[हमारे हृदय में परमात्मा की गहरी प्यास है। हमारी आँखों में उसी प्यास की ललक होती है जो प्रार्थना में बदल जाती है। हम कहना चाहते हैं कि प्रभुद्वार, लेकिन कह नहीं पाते। हमारे अन्दर जो स्वाभाविक है, उसे सामान्यत: हम उच्चारित नहीं कर पाते। इसलिए प्रेम जरूरी है। व्यक्ति से, स्थान से, प्रकृति से और इस जगत से। ताकि हम उस प्रेम की पूर्णता को प्राप्त कर सकें।]

चुनने की बाध्यता

अर्शिया, जीवन एक ही है
सबके लिए एक जैसा।
और हम सब अपनी पसन्द
से उसे चुनते हैं,
चुनने को बाध्य हैं और
फिर भी दुखी होते हैं

जीवन ऐसा ही होता है
जितना दिखता है, वह कम
जितना नहीं दिखता
वह हमेशा ही थोड़ा ज्यादा
के करीब होता है

कुछ सुनहरे पल
या कुछ पल का सुकून
मिट जाते हैं
लेकिन दिल का क्या

वहाँ सिर्फ यादें रहती हैं, और
वे कभी नहीं मिटतीं।

[सिग्मंड फ्रायड ने कहा है कि जगत में ऐसा कोई समय का दौर नहीं आएगा, जब हम भ्रम से मुक्त होंगे जीवन भर जो हम सुनना चाहते हैं, वह स्वर नहीं मिलता है। जीवन में हम निर्णय की घड़ी में सांत्वना चाहते है, लेकिन हमारा कटु सत्य हमको जीने नहीं देता है। इसलिए भ्रम हमारा सहारा होता है। चुनने की बाध्यता के बाद भी हम खुश कहाँ रह पाते हैं!]

धूप-छाँव का खेल

बहुत दिनों बाद
जब नजर हटाकर
तुम्हारी आँखों में आज देखा
उस गहराई में
धूप-छाँव की थी विस्मत रेखा

सुबह के समय
भोर की गुलाबी धूप
अनकहे को पीछे धकेलती।
जिसकी झलक अक्सर दिखती
पर कभी कहाँ छू पाते

शाम के समय
सूखी पत्तियाँ जब शोर करतीं
तुम्हारी छाया का खेल
हमारे अन्दर पतझड़ ला डाल देता

अब बाहर का शोर
हमारे बीच भी आने लगा है
एक तुम्हारी दुनिया
जो हमसे बाहर है,
वहाँ धूप है।

एक दुनिया हमारे भीतर है
जहाँ सदैव छाँव
खड़ी रहती है, हमें
मिलने से रोकने के लिए।

[जीवन खाली किताब है। इस किताब के कोरे पन्ने को हम अपनी यात्रा में भरते हैं। हमारी यात्रा पर ही निर्भर है कि हम क्या लिखेंगे। हम अगर कुछ सार्थक लिख पाए, तो दूसरों को गुनगुनाने का अवसर मिलेगा। हमारा प्रया जरूर होना चाहिए कि थोड़ा भी सही कुछ गाने लायक लिख जाए!

तुमसे प्रेम करना

पता है,
तुमसे प्रेम करना
स्वयं को प्रेम से भरना है,
तुम्हारे चेहरे पर
कुछ तो है दिव्य
जो मुझको
सम्मोहिनी अनुभूति देता है

जब तुम हँसती हो
तुम्हारे साथ
इस जगत की सारी आत्माएँ
खिलखिला जाती हैं
और जब परेशान होती हो
मन करता है कि
अपनी खुशी से, तुम्हारे गम
को बदल दूँ

तुम्हारी मासूम मुस्कान में
सृष्टि का सौन्दर्य सिमटा दिखता,
सौन्दर्य से पावनता

का आभामंडल बनता है, जो
जीवन को वैरागी
बनाने का आमंत्रण देता।

[परमात्मा के बाद प्रेम से सुन्दर कोई शब्द नहीं है। गुरुनानक देव जी कहते हैं कि जो प्रेम के रंग में रंग जाता है, वह भवसागर पार कर जाता है। प्रेम एक शब्द नहीं है। यह अग्नि है, जो हमारे अन्दर प्रज्वलित रहनी चाहिए। यह रोनी है जिसमें व्यक्ति का जीवन करुणा, अहिंसा, सेवाभाव से भर जाता है।]

मेरे और तेरे बीच

मेरे और तेरे बीच
कोई सीमा न रह जाए
मेरापन खत्म हो
बस एक विस्तार रह जाए और
मेरे प्राण तुझसे जुड़ जाए
जीवन के बिन्दु पर, और
तू जगत की परिधि हो जाए
मैं बस उस केन्द्र पर घूमता रहूँ

सब कुछ बस तुममें ही मिला
तेरा ही विस्तार
सभी दिशाओं में तेरी ही आभा
लेकिन तेरे और मेरे बीच
नहीं हो कोई अन्तराल
कोई खाली जगह नहीं रहे

फिर एक संगीत के स्वर में
मेरे जीवन के स्वर
एक होकर तुझमें सिमट जाए
एक झील की तरह

जिसमें एक कंकड़ भी पड़े
तो समूचा अस्तित्व जाग जाए
उस अनन्त सागर से मिलन के लिए।

[ओशो कहते हैं कि जीवन एक प्रतिध्वनि है। प्रेम करनेवाले को भी यह बात पता होती है। हम जो करते हैं, वह हम पर ही लौटकर आता है। इस दुनिया में अपना और पराया कोई नहीं है। जिससे हमारा प्रेम हो जाता है, उससे हमारा परायापन खत्म हो जाता है।]

तेरी उपस्थिति में

जिस तारे को मैं जानता हूँ
वह मेरे प्राण का हिस्सा बन गया
भीतर जीवन की अन्तरधारा बन
हम सबको जोड़ रहा

तेरी मुस्कान का रिश्ता चाँद से
सूरज की गरमाहट से
फूल का खिलना और सुवास
सब कुछ तुमसे जुड़ा
एक कड़ी जुड़ी, और
उसी क्षण हम सब सजीव हो गए

तेरे भाव में होते हैं
प्राणों के गीत भरे
उसकी ध्वनि में तेरे स्वर
नृत्य करते और मुझे तरल कर
खुद में ही समेट लेते

तेरी उपस्थिति में
पक्षी स्वागत गीत गाते
सोये पौधे जाग जाते
तुम्हारी आँख में उस समय दिखता

भोर का सूर्योदय, जैसे
आकाश लालिमा से भर जाता
वैसे प्रेम के आभामंडल में
तुम साक्षात देवी हो जाती हो।

[कहा गया है कि हजार पाप है, लेकिन पुण्य एक है। उसी प्रकार इस जीवन में हजार बीमारियाँ हैं, लेकिन स्वास्थ्य एक है। जो एक है, वह प्रेम का भाव है। बस रमते जाना है। हरेक कदम ऐसा उठना चाहिए, मानो ईश्वर के साम्राज्य में प्रवेश कर रहे हैं और भाव में बस प्रेममय प्रार्थना हो।]

कैसा हूँ तुम्हारे बगैर

तुम पूछती हो
कैसा हूँ तुम्हारे बगैर

कैसा हो सकता हूँ?
जैसे बगैर धूप वाला दिन
धूमिल, मटमैला और रूखा-सूखा
बिन बारिश वाले बादल
रंगहीन, एकदम खाली-खाली
मानो सरपट खाली सड़क पर
इधर से उधर दौड़ता

तुम्हारे बगैर कैसा हुआ जाएगा
शाम को चिड़ियाँ शोर मचाएँ, तो
साँस गले में अटकने लगे
एक रहस्यमय अँधेरा जंगल, जहाँ
रात को सारे जानवर बाहर आने लगे
एक लम्बा घना और फैला सन्नाटा
और उसमें खुद के फड़फड़ाने का स्वर
बार-बार आश्चर्य में डाले

तुम रोज तो देखती हो
चेहरे की पीड़ा में हमारे चिरन्तन सम्बन्ध

सिर्फ साँस आ-जा रही है, बस
मेरे जिन केन्द्रों को तूने छुआ है
उसके अलावा कुछ भी अनछुआ नहीं
इसलिए हम खुश हैं सदैव
ऊबते नहीं, तुझे ढूँढ़ते भी नहीं

तुझे पता है
मेरी जिन्दगी दरअसल है
एक मामूली या करारी ठोकर
एक लम्बा कहकहा या सिसकारी,
उसके बाद—
बस सुखद या दुखद मौन

बताओ, क्या मिलेगा?

[हम अपने विचार के माध्यम से जगत से जुड़ते हैं। शून्य के माध्यम में हम खुद से जा जुड़ते हैं। हमारी यात्रा नितान्त अकेली है। सफर में साथी मिलते हैं और उसके साथ कुछ यादें जुड़ जाती हैं। इन यादों का ही शाश्वत जीवन होता है। अगर वह भी नहीं हो तो जीवन क्या होगा?]

शाम के समय में

शाम के समय में
कभी-कभी सोचता हूँ कि
जिन्दगी कहाँ जा रही है
इसी रास्ते हमारा लक्ष्य मिलेगा

जीवन में क्या नहीं है
सब कुछ है,
फिर यह दिल क्या खोजता है?
क्या चाहता है, यह मन
बेचैनी से क्यूँ लगा रहता है
देखो तो भरा सा
सोचो, तो खालीपन है चारों ओर

अर्शिया, हमारा जीवन सरल नहीं
क्या चाहिए हमें?
मुझे हमेशा लगता है
कुछ ढूँढ़ रहा हूँ जो बाँध सके
लेकिन सूखे शब्द
सूखी पत्तियों की तरह खरखराते
हवा की जोर से दिशा बदलते
फिर रास्ते में बिखर जाते

जीवन एक सरहद है
जो है और जो होने की स्थिति है
उसके बीच बस जानना है
सब जान लेने के बाद
कुछ नहीं रह जाए, तब
हम और तुम पहुँच जाएँगे
जहाँ सब मुक्त है।

[हमारे अन्दर जो आनन्द है। जो प्रकाश है, वही हमें रास्ता दिखाता है। दिन हो या रात। हम क्या देखना चाहते हैं, यह हमारी अन्तरात्मा का संकेत होता है। सफर में कभी लगता है कि हम कहाँ जा रहे हैं, लेकिन अगर प्रकाश हमारे अन्दर से आ रहा है, तो सफर का एक सफल परिणाम आता है।]

तुम्हें छूने की इच्छा

आज पहली बार
तुम्हें छूने की इच्छा हुई
छू लूँ...
तुम्हारी आँखें, तुम्हारा सर
तुम्हारा हाथ,
कुछ भी जो सम्भव हो।

अर्शिया, तुम्हें छूना आसान नहीं
असम्भव को स्पर्श करना है
लेकिन एक बार
यह साहस करने की इच्छा है
सिर्फ एक बार...

ताकि
तुम जान पाओ
तुम्हें छूकर बहनेवाली
इन हवाओं को
मैं अपनी जीवन साँस बनाता हूँ
तुमसे सुरभित दिशाएँ
मेरे जीवन को आकार देती हैं

भटकना मेरा भाग्य है
लेकिन एक बार तुम्हें छूकर
अस्तित्व से जुड़ना चाहता हूँ
अपने होने का,
हमारे जीवन में तुम्हारे आने का
रहस्य जानने की इच्छा है।

[मार्टिन बूबर एक महान विचारक थे। उन्होंने मैं और तू के बीच के गहनतम सम्बन्धों पर विचार किया है। वह कहते हैं कि मैं को केन्द्र बना लें और तू को परिधि बना लो। यह सामान्य अवस्था है। जब तू केन्द्र बन जाए और मैं को परिधि में विसर्जित कर दिया जाए। यह उच्चतम दशा है, जो प्रेम से ही सम्भव हो सकता है।]

दिव्य प्रेम का रहस्य

पृथ्वी में सब जगह
दिव्य प्रकाश चमक रहा
हर अस्तित्ववान वस्तु
उसी दिव्य प्रकाश का कुछ अंश है

अर्शिया, तुम भी वह दिव्य प्रकाश
प्रेम की पुंज हो

वहीं तुम्हारा प्रेम
सूरजमुखी के पुष्प में दमकता
इस अगाध रहस्य की और अनुभूति
हमें तितली में हुई थी,
जब वह कोमल टहनी से
पंख फड़फड़ाती उड़ रही थी

उसी प्रकाश को एक्वेरियम में देखा
जहाँ गोल्ड फिश तैर रही थी
अनन्त आकाश में चील की उड़ान में भी
वही दिव्य प्रकाश गति बना था

अर्शिया, हमारा जीवन ही दिव्य रहस्य है
तुम्हारे साथ कुछ अनुपम क्षणों में

उसके लक्षण दिखे,
वह हल्की सी चमक
अगर हमसे दूर चली गई तो
हमारे जीवन में प्रकाश नहीं बचेगा

अस्तित्व के उद्गम तक पहुँच
उस दिव्य प्रकाश से दूर होकर
अब न तो मुझे आकार दिखाई देता
और न ही परछाइयाँ
तुम्हारे प्रकाश का अभाव ही
अर्शिया, अस्तित्व में अन्धकार का कारण है

[दिव्य प्रेम बीज की तरह होता है। जैसे बीज में न फूल दिखता है और न ही फल। मगर उसकी शून्यता पर यह दोनों खिलते हैं। उसी प्रकार इस विराट में दिव्य प्रेम का रहस्य अबूझ है। इसे कौन जान पाया है। प्रेम में रहनेवाला खुद उस विराट का अंश बन जाता है।]

पुनर्जन्म में विश्वास रखते हो?

तुम पूछती हो,
पुनर्जन्म में विश्वास रखते हो?

उस व्यक्ति का तुमसे मिलना
जीवन जब भँवरजाल में हो
जब जिन्दगी मजाक बन जाए,
हाँ, पुनर्जन्म में विश्वास तब हुआ

उस दिन के बाद
खुद से प्रेम करने लगना
जीवन को सलीके से जीना
एक आभामंडल को अपने पास पाना
पुनर्जन्म से कम कदापि नहीं

ये झोली तुम्हारी,
इसमें सदा उल्फतों की बारिश
कहानी में मानो कई रंग छिपे हों
ऐसे इन्तजार की प्रतीक्षा
जब पास आ जाए
अया, वह पुनर्जन्म होता है

जो तुम ना मिलती
होता कुछ भी नहीं
जिसे दुनिया को कभी बताता
खोता मैं क्या
जब तुम्हारा साथ नहीं मिलता

करता एक लम्बा इन्तजार
उस पुनर्जन्म का
जहाँ तुम्हारी आहट के पहले
एक बार फिर
मेरा अस्तित्व सफर में आए।

[भारतीयों को विश्वास है कि हमारा जीव सरल रेखा में गमन नहीं करता है। यह चक्रीय गति है। जहाँ जन्म के बाद मरण है और उसके बाद पुनर्जन्म। इसलिए जो कुछ अधूरा है। उसे पूरा करना पड़ता है। चाहे वह प्रेम हो या घृणा। प्रेम में चूँकि अपनों के साथ की आस रहती है, अतएव इस पर हमारा भी विश्वास रहता है।]

एक अँधेरी रात में

एक अँधेरी रात में
मैंने आकाश के उगते तारों से
सवाल किया

युगों-युगों से
सभी को चलते देखा
कितने गिरे, कितने लोग उठे
तूने सबको देखा
सब की कामना मिट्टी में मिलीं

इसके बाद भी आदमी
चलता ही जाता है,
आखिर क्यों?

सुनो अर्शिया...
तारे ने कहा—
आदमी चलता है
बस प्रेम के सहारे
गति का
गुरुत्व है प्रेम
जो ठहरने नहीं देता

हम थकते हैं तो
यह आशा बन जाता
विषाद नहीं
जगत का रस है प्रेम।

[ज्योतिर्मय जीवन है, तो बस हमारा जीवन सफल है। ऐसा जीवन जहाँ अन्दर का प्रकाश हमें रास्ता दिखाए। हमें उन सभी ज्योतिर्मय की खोज करनी चाहिए। जिनके कारण यह धरती प्रकाश है। उनके प्रकाश का एक केन्द्रीय कारण उनके जीवन में प्रेम का वास था।]

तुम्हारे साथ

तुम्हारे साथ
जीवन का सम्बन्ध
एक अमृत सी प्रेमधारा
और, एक अनन्त निरन्तरता
का अनुभव है

प्रेम की अमिट बूँदें
बनती हैं, फिर बिखर
बन जाते हैं असीम सागर
वही प्रेम वृक्ष बनते
फिर वृक्ष मिट जाते
लेकिन प्रेम का अस्तित्व
बीज में बन अमर रहता

तुम्हारा प्रेम नहीं,
तभी तक मृत्यु है,
प्रेम में जीवन अमृत बन
द्वैत को मिटा देता

असीम का द्वार खुल जाता
और हम एक बन जाते।

[जब ईश्वर मिलता है, तो वह हमारे प्रयास से नहीं मिलता है। यह उसकी ही इच्छा होती है, जिसके कारण हमारा जीवन दिव्य बन जाता है। प्रेम भी हमारे प्रयास का नतीजा नहीं होता है। यह बस हो जाता। कब होगा, किससे होगा? कौन जानता है सिवाय उस ईश्वर के अलावा? हमारे सारे प्रयत्न से पाप ही परिणाम में निकलता है। बीज से पेड़ हमारे प्रयास के कारण नहीं आता है। अतएव प्रेम के लिए बस भाव रखे।]

आँसू है पूर्ण प्रेम

प्रेम ही परमात्मा है
यह अवाच्य और अव्याख्य
आँसू में है इसकी भाषा और लिपि
आत्मा की अनुभूति में स्वाद

प्रेम में रिश्ता, और जुड़ाव
प्रेमी और प्रेमिका तक सीमित नहीं
जहाँ अधिकार, वहाँ प्रेम
सब जान, सब खोने के बाद भी रहे
बस वही प्रेम

चुपचाप अपना काम कर
यादों को साथ लेकर चल दे
एक अजनबी सा
जिसमें वह जिन्दगी बन जाए
बस यही प्रेम है।

[आँसू हरियाली की पहचान है। आँसू है तो हम तरल हैं। हम सरल हैं। हमारे अन्दर प्रेम है। एक वृक्ष की तरह। हरा वृक्ष झुकता है, फल देता है और सुख भी। सूखा वृक्ष तनकर खड़ा रहता है। उसके लिए झुकना सम्भव नहीं है। झुकना जीवन की निनी है। यह प्रेम की पहचान है।]

तुम्हारी यह कामना

तुम्हारी यह कामना
प्रेम नहीं है,
बस बीज है, सोया-सोया

जब तुम वृक्ष बनोगी
तभी प्रेम साकार हो सकेगा
प्रेम का अवतरण
तुम्हारी कामना में नहीं, बल्कि
आरोहण में है, अर्शिया।

इस देह में वसन्त
के साथ जब फूल खिलेंगे
वह प्रेम पूर्ण होगा,
देव के चरण पर
समर्पित भक्त की तरह।

[प्रेम का स्वरूप क्या है? जो कहा नहीं जा सकता है। बस उसको जिया जाता है। भोगा जाता है, अनुभव किया जाता है और याद रखा जाता है। इसको शब्दों में वर्णन नहीं किया जा सकता है। वैसे हमारी कामना ही वह प्रथम पुष्प है, जो प्रेम को सुवासित करती है।]

तेरा अनलिखा पत्र

तेरा पहला और अन्तिम पत्र
जो कभी लिखा नहीं गया
अर्शिया, उसे पढ़ रहा हूँ अभी
उस कोरे कागज को
हाथ में लेकर ही खुश है मन
मौन पत्र काफी प्यारा है

तुम्हें पता है
मैंने वह सब पढ़ लिया
जो तुमने सोचा और लिखती
शब्द का क्या है?
वह पूर्ण भाव कहाँ व्यक्त करते
तुम लिख देती,
उसके बाद भी कुछ विशेष छूट जाता

यह कोरापन ही विशेष है, वैसे भी
जब-जब भी तुम होती सामने
प्रायः ही शब्द में बोलती
तू चुप रहती, और आँखें बोलतीं
और गहरी प्यास मुझे छू जाती
किसी अज्ञात तट से आवाज देकर मानो
कोई बार-बार मुझे बुलाता।

अर्शिया, बताओ न
कब तक इस तट पर रहना है
रात बीत गई, सूरज भी निकल आया
तुम बाहर तो आओ
हवाओं से पतवार उड़ने को आतुर
फिर भी, मैं गरमी के बाद
धरती की तरह बरसात को व्याकुल खड़ा।

[प्रेम को पत्र प्रकट करता है। सभ्यता के उषा काल से। आज भी प्रेम का उत्कर्ष उन पत्रों में मिलता है, जिसमें लिखा कम गया। जिन्हें समझा ज्यादा गया। कृष्ण ने कहा-लिखा, लेकिन राधा ने समझा। सती के शाश्वत प्रेम में महादेव जैसे योगी व्याकुल हो उठे और श्रीराम जैसा पुरुषोत्तम भी माता सीता के वियोग को सह नहीं पाए। प्रेम के उत्कृष्ट पत्र सदैव अलिखित ही रहे और रह जाएँगे।]

एक गहरी पीड़ा

तुम्हारे साथ रहकर जाना
प्रेम में रहना
एक गहरी पीड़ा है
प्रसव की तरह और मृत्यु की भी
हर पल सृजन का सुख
साथ में खुद के मिटने का भय

प्रेम करना आसान नहीं
यह अनन्त प्रतीक्षा की साधना है
प्रतीक्षा फिर प्रतीक्षा,
और एक दिन,
बीज अंकुरित हो
चतुर्दिक फैल जाता

यह कहाँ पता चलता है?

[वर्तमान पल में बेहतर भविष्य बनाने की शक्तियाँ होती हैं। हम एक अच्छा वर्तमान तभी बना सकते हैं, जब पीड़ा में भी समभाव से रहने की कला सीख जाए। पीड़ा में सृजन का गुण प्रेम की पराकाष्ठा है।]

अन्तर्मिलन

दो व्यक्ति मिल जाएँ
यह धरती पर सम्भव नहीं
यह प्रेम है जो
इस असम्भव को सहज बनाता

तुम्हें पता है
उस दिन ऐसा ही असम्भव हुआ
मिलने के बाद लगा
ऐसा मिलन सम्भव होता है
जिसमें शब्द नहीं हो
दूरियाँ ही दूरियाँ हों
केवल आँसुओं में मिले उत्तर

शोर के बीच ऐसी प्रतिध्वनि
जीवन में कभी-कभी मिलती है
अर्शिया, आँसुओं का प्रेम से सहसम्बन्ध
गीत गाने को विवश करता
तुझ पर एक काव्य की रचना हो
ज्ञान की प्रेमधारा

उस अन्तर्मिलन के लिए
सदैव मुखरित करती।

[एक सन्त का कहना है कि कोई इनसान सिर्फ दिल से ही स्पष्टता से देखता है। जो अनिवार्य है, वह आँखों को दिखाई ही नहीं देता है। दिल की ओर जाने वाली राहें सदैव हमको अपनों से मिलाती हैं। पुनर्मिलन ही प्रेम है।]

प्रेम के स्वर

प्रेम देने के बाद
और देने को क्या बचा
जो तुम कहती हो, क्या दिये?
जीवन में प्रेम से बड़ा कुछ नहीं
जब वह दे दिया
तो उसके बाद मैं बचा कहाँ?

कभी देखी है ठीक से
देखती तो यह सवाल नहीं करती
प्रेम को देना, यानी
खुद को पूर्णतः तुमको सौंप देना
अब मैं कहाँ हूँ?
जो कुछ तुमको दूँ

तुमने शिरीष का नाम सुना है
प्रेम के बाद तुम शिरीष हो गई हो
अपराजेय लेकिन कोमल बच्चे की तरह
अग्नि के समान तपती धरती पर
कोमलता के साथ खिला-खिला
फूलों से लदा
निस्पृह भाव से अविचल खड़ा

कोलाहल से भरे जीवन में
संगीत का स्वर साथ में होना
जीने की इच्छा करे
यह तभी सम्भव है, अर्शिया
जब दिल के लिए
भविष्य बन जाए वर्तमान।

[जीवन में देह हो या मन। किसी को न तो बदला जा सकता है और न ही इसे गिरवी रखा जा सकता है। सब नदी की तरह बह रहा है। प्रेम भी एक बहाव है। उसमें रुकने का कोई अर्थ नहीं है। प्रेम बाँधता नहीं, बस मुक्त करता है।]

ढाई आखर प्रेम का

अर्शिया, प्रेम से बड़ा कोई ज्ञान नहीं
इस कारण प्रेम में
कोई गलती की सम्भावना नहीं होती
गलती सदैव दिमाग करता है
प्रेम में पड़ा आदमी, दिमाग नहीं
दिल का उपयोग करता है

तुम भी अपने दिल से पूछो
मैंने प्रेम किया या नहीं
वह चाहकर भी झूठ नहीं बोल पाएगा
हमारे बीच आनन्द की बारिश
और प्रकाश का फूल जो खिला
उसे तुम कैसे इग्नोर कर सकती हो

प्रतीक्षा कभी मीठी नहीं होती
जीवन को प्रतीक्षा बना दे,
वह प्रेम के सिवाय क्या हो सकता है?
सदैव प्रेम में बीज के अंकुरण की चाहत
सागर से सरिता के मिलन की ललक
हम सदैव प्रतीक्षारत
उस प्रेम की

जो बीज को प्रतीक्षा में वृक्ष बना दे
सागर से सरिता को मिला दे

तुम्हें नहीं पता चलेगा, कि
जब मैं अपने अन्दर झाँकता हूँ
वहाँ असीम में पहुँचने की व्याकुलता
अनन्त को छूने की इच्छा
उस प्रेम के साथ
जहाँ प्रत्येक जागरण के साथ
केवल तुम होती हो
जो हमारे हरेक जीवन को
प्रतीक्षा में बदल दे।

[दार्शनिक शॉपेनहावर कहता है कि इच्छा संसार का मूल है। संसार इच्छा से ही स्थित है। इस जगत में सब कुछ अस्तित्व के केन्द्र में है। सृष्टि में हरेक की उपयोगिता है। प्रेम के बिना तो वह अधूरी है।]

अप्रेम में दूरी

प्रेम सदैव
समय और स्थान की
दूरियाँ कम करता, और अप्रेम
जीवन में दूरियों को बढ़ाता।
तुम पूछती हो कि
इन आँसुओं का क्या कारण है?
आँसू यादें हैं
आँसू समय और स्थान
के बीच का भराव है
दूरियों को कम करते, ये आँसू
सबको अपने भीतर भरते
प्रेम को रोकने की शक्ति
इन आँसुओं में है
जीवन को संगीत बनाने
समग्र जीवन के सौन्दर्य के लिए
छोटे-छोटे कामों में ऊर्जा हो,
जीवन में प्रेम हो, तो
खुद की तलाश पूरी।

[श्रीमद्भगवद्गीता में कहा गया है कि धर्म, अर्थ और मोक्ष का जीवन में जो महत्त्व होता है, वही महत्त्व काम का भी है। यही वह लघु बीज है, जिसका वटवृक्ष में रूपान्तरण होता है, जो आग तृणों को भस्म बना देती है, वही आग सोने में कुन्दन की आभा उत्पन्न कर देती है।]

कौन जान पाएगा?

तुम्हें पता है, प्रेम में
हृदय का पवित्र बनना
उसका मन्दिर बन जाना
यह तुम्हारी आँखों में बनते
चित्र में महसूस करता हूँ

जीवन का सौन्दर्य, उसी
प्रेम की धूप में खिलता
तुम्हारे साथ के सुवास से
सही-सही जान पाया।

प्रेम में काव्य का जन्म लेना
काव्य का जीवन्त होना
इसका रहस्य तेरा सुवास है
इसका परिचय तब होता,
मन में आवेग आते

कौन जान पाएगा?
जीवन में आनन्द
निष्प्राण शब्दों में संगीत
तेरे एक शब्द, एक आहट में

अपनी समस्त सत्ता का समर्पण
जीवन के अमृतमय आलोक
से भरता है तेरा साथ।

[प्रेम का अर्थ वही है, जो हमारा सार है। दीपक चोपड़ा कहते हैं कि हम अपने हृदय में जितना प्रेम महसूस करते हैं, उतने ही ज्यादा हमें प्रेम दिया जाएगा। प्रेम ही सृष्टि की बुनियादी ऊर्जा है। प्रेम की ऊर्जा हमारे चारों ओर है, हमारे भीतर है।]

दहलीज पर प्रेम

जैसे आहट में प्राण हो,
साथ में सुवासित गान हो।

हवा में सरसराहट हो,
हर पल मुस्कुराहट हो।

पहली बारिश की ठंडक, मानो
आँखों में बस एक कसक।

एक अलग ही सकून दे
हर पल दिल में फागुन दे।

मन उससे सब कहता
जो मन में ही बसा रहता।

फिर, दिल भर गया जब
खाली वह कर गया सब।

[प्रेम सदैव हमारी देह पर लहरें बनाता है। हमारा समूचा अस्तित्व इसी लहरों पर चलता है लहरें छूती हैं, लहरों पर हम चलते हैं। सृष्टि का स्पंदन ही हमारी धड़कन है और यह धड़कन ही सृष्टि को स्पंदित करती है। आदि से अनन्त तक स्पंदन की अनुभूति प्रेम है।]

बीइंग इन लव

नदी के दो किनारों की तरह
अपने प्रेम की क्रियाओं के साथ
हमारा सम्बन्ध रहा, जहाँ
साँस के गुजरने की तरह
आवाज को सुना जा सके कभी भी
इतना समीप रहा हमारा प्रेम
बीइंग इन लव,
स्वभाव में केवल मैत्री का रस
थोड़ी दूरी और थोड़ा पास
एक दूसरे की आजादी का खयाल

अर्शिया, अब इस प्रेम को ले जाना
एक नये मुकाम की ओर
बीइंग इन लव से काफी ऊपर
फूल से उठती सुगंध की तरह
झरने के उत्स की भाँति
समग्र सृष्टि के प्रति
भीतर से उमगता हुआ प्रेम
जिसमें कोई नाता नहीं रहे, बस
प्रेम नैसर्गिक रूप से निःसृत हो

प्रेम में होने से प्रेम बन जाना
यह तब होगा, अर्शिया
जब हमारी अन्दर की आग
हमारी अन्तरात्मा को स्पर्श कर
रोएँ-रोएँ को शुद्ध करेगी
सुनो, तुम्हें प्रेम करना नहीं
प्रेम ही होना होगा,
मस्तिष्क की सारी ऊर्जा
हृदय की ओर चलेगी एक दिन
उस दिन आग में उतर कर ही
मुक्त वायु में अपने प्रेम को
व्योम से जोड़ना होगा सम्भव।

[जब हम नहीं होंगे, तब भी हमारी बातें, हमारी हँसी और हमारा प्रेम रहेगा। वह ठहरे झील की तरह इन्तजार करेगा। कोई कंकड़ डाले। जब हम वापस आएँगे तो हमारी आवाजें, हमारी पदचाप और हमारे सम्बन्ध में उसकी प्रतिध्वनि सुनाई देगी।]

बाहर मत खोजो

संसार घूम रहा है, तो
तुम क्यों घूम रही हो, अर्शिया
उसके साथ-साथ
इस घूर्णन चक्र के सहारे
कहीं नहीं पहुँच पाओगी तुम
बाहर मत खोजो
वहाँ कुछ नहीं मिलेगा
शरीर के अन्दर और
मन के भीतर जो प्रेम है
उस स्थिर केन्द्र को भी देखा करो
वह शाश्वत है

तुम शाश्वत सुवास हो
सारी लहरें तुम्हारे बाहर हैं
गहराई में तुम शान्त
इसलिए तुम्हें कोई समझा नहीं
किसी को समझने भी नहीं दी तुमने
सब तुम्हारे बाहर ही
भूलभुलैया में तुमको खोजते रहे

आसान नहीं है, तुमको पाना
अशेष भाव को समझना

उसको जान लेने के बाद
तुममें ही जीवन का सार मिलेगा
सागर को खोजने के लिए
लहरों में भटकने से बेहतर
तुममें लक्ष्य को पा लेना।

[मनुष्य को चुनाव करना होता है। इस कारण वह स्वतंत्र है। चुनाव के बाद भी मनुष्य वेदना में रहता है। यह अभिशप्त है। हमारे भीतर का द्वंद्व हमें सही का चुनाव करने नहीं देता।]

अब ठहर जाओ

दमकता बदन
तुम्हारी चमकती आँखें
मनमोहक अन्दाज में सिमटा प्रेम
चाह कर भी मन
एक पल को भी नहीं भटक पाता
तुम नहीं जानती हो
इस अस्तित्व में तुमसे अलग
अपनी नजर स्थिर करना
कितना है मुश्किल

तुम्हारे जाने का असर
दिल और दिमाग पर ही नहीं
साँसों पर भी होता है
साँसों के अटक जाने का डर
तुमसे दूर होकर
यह दिल खूब रोता है
मन बस भटकता ही रहता
मैं चाहता हूँ कि तुम
अब ठहर जाओ

मेरे पास आकर
मन में बसे रूप को प्राण दो।

[जीवन भर हम अपने साथी, अपने आदर्श साथी और अपनी आत्मा के साथी की तलाश करते हैं। जब आप अपने आप में खुश रहते हैं, तो आप निश्चय ही उस व्यक्ति को आकर्षित करते हैं, जो हमारी चेतना की अवस्था से मेल खाता है।]

ऊब जाता हूँ, तब

आदत बन गई है
तुझे हर पल
याद करने की।
जब परेशान होता हूँ
ऊब जाता हूँ, तब
तुम्हारे प्रिय स्थान पर
आकर बैठ जाता हूँ

यहाँ की हवा, सुवास
उस जगह की यादें
तुमसे जुड़ने में
खूब ऊर्जा देती है
तुम्हारी गूँजे स्वर की
प्रतिध्वनि सुनता हूँ

प्रेम तुझसे ही नहीं तेरे होने से है
तेरा सदैव होना ही
शक्ति देता है, और
दुनिया को प्रेम का साहस।

[एक कहावत है कि जब हम किसी को खोजना चाहते हैं जो आपको पूरी तरह से प्रेम कर सके और हमें जान सके तो हमें खुद को जानना और प्रेम करना होता है।]

उसने पूछा

उसने पूछा
प्रेम कभी हुआ?
मैंने कहा,
हाँ, प्रेम हुआ
फिर उसने पूछा
कई बार?
मैंने फिर कहा
एक बार
अगला सवाल पूछा
वह मिली?
मैंने कहा
ना, नहीं मिली
मिलना जरूरी भी नहीं
फिर क्या हुआ?
मैंने कहा
आज भी प्रेम है
उसका तो पता नहीं
अब आगे क्या?

बस प्रेम है, और
उससे सदैव प्रेम रहेगा।

[जीवन केवल एक है। एक ही क्षण है। एक ही स्थिति है। वह वर्ग है, वह वृत्त है, वह केन्द्र भी है और वह परिधि भी है। हम बार-बार इन सब बिन्दु या पड़ाव पर रेखावत् चलते पहुँचते हैं।]

बन्द खिड़कियों की प्रतीक्षा

यह कहाँ पता था
तुम्हारा साथ अच्छा लगेगा
पहली बार तुम्हें
मुस्कुराते देखा
आहट में एक मोहक
स्वर गूँजा
आस-पास कुछ बदला लगा
बस वह लम्हा
हमेशा के लिए दिल में उतर गया।

विस्मित होकर सोचती
उदास खिड़कियाँ
क्या तुम्हारी ही प्रतीक्षा में थी?
एक आस लिये
कभी तो इस ओर से जाओगी
मैंने भी उसे अन्दर से
जानबूझ कर बन्द नहीं किया
तुम्हारे हाथ के स्पर्श से
खुद मुक्ति पथ पर चल गया।

संसार का शाश्वत सत्य
मेरे जीवन में आना

तुम्हारे साथ के अनमोल पल
जीवन के अन्तिम चरण
और तुम्हारी प्रतीक्षा
बस यह मेरा सफर,
इस सफर का पाथेय
खुद से बेखबर
अन्तिम सफर पर चला गया।

[पउलो कोएलो कहते हैं कि बस प्रेम करने की कोशिश करें और इसे प्रकट करें। जब आपका हृदय खुला होता है, तो प्रेम की ऊर्जा अन्दर प्रवाहित होती है। वह हर चीज को पूर्ण कर देती है और किसी तरह से खुद को कार्यों में बदल देती है।]

कभी तुम भी लिखा करो

कभी तुम भी लिखा करो
शब्दों के एक सफर का अलबम
उसमें बस प्रेम लिखना
वह सफर दिव्यता से भर जाएगा
जिस पर चलेंगे
हर एक युग के शाश्वत प्रेमी

लिखना तो बता देना
तुम्हारे नाम पर
मैंने कुछ किताबें खरीदी हैं
एक सुनहरा कलम
और साथ में कुछ ठहरे पल
जो तुम्हें देना है

लिखा तो बहुत तुमने
दुनिया ने भी खूब पढ़ा है
इस बार नये अन्दाज में बताना
थोड़ा मुझे पढ़ना
खुद को थोड़ा समझना
रचना एक नया रिवाज
स्याही के रंग से

कागज पर बनाना मूल्यवान
अपने अनकहे शब्दों का रेखाचित्र
मेरे कंठों में रुके भावक्षर
कहना बहुत कुछ
परन्तु लिखना बहुत थोड़ा, ताकि
धड़कने लगे वह पन्ना
जब कोई पास से गुजरे।

[प्रेम में खुद को स्वीकार करने की कला होती है। जो भी हमारे भीतर है। उसकी पूरी तरह से कद्र करना और अपनी अपूर्णताओं के साथ उसे स्वीकार करना।]

प्राण में बसता है प्रेम

कभी वृक्षों पर प्रेम नहीं खिलते
प्राणों में बसता है वह
प्राणों के साथ अस्तित्व में बहा करते
सुगंध भी फूल की नहीं होती
प्राणरस संग अदृश्य चलती है अन्तर्धारा
तुम उस अन्तर्धारा संग
गहराई में सदैव उतरते जाना
मेरी ओर किसी की भी मत मानना
क्योंकि किसी की बात मानकर
तुम रह जाओगी किनारे पर
तट पर नहीं, तुम्हें अन्दर जाना है
डूबते चले जाना।
जितना गहरा तुम जाओगी
उतनी ही प्रेम की सुवास फैलेगी
तुमको भी फैलना है
सुवास की तरह दिग्दिगंत।

[जब हम अपने अन्दर भटकते हैं तो बाहर कुछ भी दिखाई नहीं देता है। बस बैठना और जीवन को सुनना रह जाता है। यह प्रेम का सुन्दर भाव है। जहाँ बस प्रेम है और उसके सिवाय कुछ भी नहीं।]

प्राणों की आतुरता

कई बार तेरे प्रेम को देखता
जहाँ कोई स्वर नहीं
एक शरीर भी प्राय: शून्य बन जाता
मेरा प्राण उस शून्य के स्वर संगीत में रमा
उस निराकार स्वरूप को आतुर

मैंने तेरे साथ महसूस किया
स्वरों में कोई तृप्ति नहीं
शरीर में भी सन्तोष का सुख नहीं
आत्मा को कोई आकार नहीं भरता
भूमि पर पड़े बीज की तरह
बरसात की प्रतीक्षा
उस प्रेम मन्दिर के द्वार पर
जो नि:शब्द बह रहा।

[जीवन का सच है कि हम पदार्थ को पकड़ते हैं तो सत्य छूट जाता है, और सत्य को पकड़ते हैं तो पदार्थ छूट जाता है। अगर हम प्रेम को पकड़ते हैं, तो दोनों साथ हो जाते हैं। स्थूल कभी सूक्ष्म और सूक्ष्म कभी स्थूल बन जाता है।]

प्रेम का बोया बीज

तुमने जो प्रेम का बीज बोया
वह बीज अब अंकुरित हो
लहलहाता हो गया है बड़ा वृक्ष
उस प्रेम के बीज में छिपा अमृत
नई देह के साथ नवीन रूप
यह दरख्त हर मौसम में
प्राण के साथ प्रेम बाँट रहा

अर्शिया इस प्राणवान वृक्ष को देखो!
इसमें अविच्छिन्न जीवन धारा में
तुम्हारे प्रेम का भी सुवास है।
प्रेम के बीज के साथ हरेक क्षण में
तुम कहीं और जन्म लोगी,
जहाँ भी वसन्त आएगा
तुम रूपों से गुजरा करोगी
देह को नहीं प्रेम को याद करो
उसका स्मरण रखो, बस
उस अमृत से जुड़कर ही आगे जाएँगे।

[कहा गया है कि आपने इस पल अपने जीवन में जो भी सम्बन्ध आकर्षित किए हैं वे ठीक वही हैं, जिनकी जरूरत इस पल आपको अपने जीवन में है। सारी घटनाओं के पीछे एक छिपा अर्थ है और वह हमें सदैव मदद करता है।]

स्वभाव का प्रेम

जिस प्रेम में जीती हो तुम
वही रस हमारे भीतर तुम्हारे
स्वभाव में वह प्रेम
कभी दुखी बनाता
वही सोचने पर करता मजबूर
प्रीति को सँभालकर रखना
जब मुझे कुछ समझ नहीं आता
तेरी प्रीति पर नजर बनाता, वह
हमारी भीतरी रसायन से कर प्रतिक्रिया
श्वास में संगीत भरता।

तेरे प्रेम ही का असर है, वरना
मेरे रहने का कोई सार नहीं
प्रेम के साथ हर कदम
तेरे साथ का सम्बन्ध बढ़ता जाता
तुझे पता जरूर होना चाहिए
बिना तेरे प्रेम, मेरी कोई पहचान नहीं
तुम्हारे साथ ही चेतना का गमन
शिखर की ओर बढ़ता चरण।

[जब हमको कोई प्रिय लगता है तो हम प्रेम करने लगते हैं। फिर हमको लगता है कि वह आदर्श नहीं है। यह हमें और ज्यादा चेतना के साथ सही प्रेम करना सिखाता है।]

फूल विहीन पेड़

जिस पेड़ में फूल नहीं आते
उसकी पीड़ा नहीं जान सकती तुम
प्रेम से दूर व्यक्ति भी
बन जाता है फूल विहीन पेड़

जब तक फूल न आएँ
जड़ों में छिपी रहती है सुगंध
सोया रहता है प्राण
उसे जगाने का काम करता है प्रेम
जड़ से चलती प्रेम की धारा
अस्तित्व में प्राण भरती
निकल जाती आकाश की ओर

अर्शिया, प्रेम मुक्त तब होता है
जब छूटने का कोई भय नहीं होता
तृप्ति केवल प्रेम पाने में नहीं
जब प्राण सुवासित हो
सहज स्फुरण से बहने लगे
उसी दिन का इन्तजार है
अभी हम वृक्ष है बस।

[जीवन में कुछ खास पल होते हैं जो हम जीते हैं। पूरा जीवन किसी को नहीं मिलता है। इसलिए हमें हर पल को खास बनाकर जीना चाहिए। क्या हमें इस तरह नहीं जीना चाहिए?]

जीवन में जब तुम आई

पता है अर्शिया
तुम जब आई मेरे जीवन में
वह पतझड़ का मौसम था,
जितने दिनों का साथ रहा हमारा
ठीक से स्मरण करना
वह वसन्त का उत्सव था,
अब जब नहीं हो
क्या है मौसम का हाल?
तुम्हारे साथ वसन्त चला गया
अब केवल ताप
धरती की गरमी
आकाश की तीखी किरणें
बारिश की बौछार
लेकिन कहाँ है फूल की बहार?
उसमें सुगंध का वास
सब करते हैं मेरे संग परिहास
मौसम के बदलाव में उमंग नहीं
परिवर्तन के साथ उत्सव का रंग नहीं,
तुम्हारे जाने के साथ
दिन छोटा होने लगा
रात की परछाईं बढ़ने लगी।
लेकिन अभी मेरे अन्दर
तुम्हारी यादों का वसन्त उत्सव है
जिस दिन धुँधली होगी

खो जाएँगी सारी तुम्हारी यादें
मौसम भी बस एक होगा
जिसमें रंग होगा, सुवास नहीं
सुवास होगा तो तुम्हारा साथ नहीं।

[किसी को कभी पाया नहीं जा सकता है। यह हमारा भ्रम है कि हम पा गए। हमारा मिलना या जीवन में पाना एक संयोग नहीं है। यह अस्तित्व के द्वारा हमारा चुनाव है। हम उस चुनाव एवं व्यवस्था में पाते हैं या मिलते हैं। इसलिए जब प्रिय मित्र कहता है कि यह संयोग है तो मैं कहता हूँ कि यहीं परम योग है, जिसे विधाता ने बनाया है।]

बन जाओ तुम इतवार

कभी देखने की चाहत
कभी बात करने की अभिलाषा
यह मत पूछना कभी
कैसे समय बीतता है मेरा
अब आँखों में जम गया है इन्तजार
बन गया है अनकही बातों का पहाड़
सप्ताह में एक दिन, तुम
बस बन जाओ मेरे लिए इतवार।

तुम्हारे बिना मरेंगे नहीं
बस मुश्किल हो जाएगा जीना
नींद में जो छोड़ जाती हो
ढेर सारी निशानियाँ
जागने पे मुझमें दिखती
तेरी ही रोपीं ढेर सारी परेशानियाँ
इसमें भटकने की इच्छा नहीं
बस एक इतवार का करो अर्पण
तो हम भी ठहर जाएँ।

तुझसे मिलने का कोई रास्ता नहीं
बन्द आँखों से महसूस करने के सिवाय
मेरे पास कोई ठिकाना नहीं।

दिल की धड़कन में तेरा संगीत
उस में बस एक ही चेहरा
उसके सिवाय कोई मेरा अफसाना नहीं
मिल जाओ बस एक इतवार

तुम्हारा चेहरा हर पल
जीने को मुझे उकसाता,
ये दुनिया मुझसे दूर भागती है
जब तुम्हारा कोई एहसास नहीं होता।
खबर मिली है मुझे
अगले इतवार को आने वाली हो
कदम बढ़ा ही लेना मेरी ओर
क्या पता वह आखिरी दिन हो जाए।

[प्रेम की अनुभूति न तो शरीर से न तो मन से और न ही किसी इन्द्रियों से किया जा सकता है। इन सभी सेंस से अलग यह एक विशुद्ध भाव और पवित्र स्वभाव होता है। अतएव जो इस प्रेम को जीता है, वह प्रेम नहीं कुछ और ही होता है।]

तुम्हारा जाना प्रेम का अन्त नहीं

तुम्हारा जाना प्रेम का अन्त नहीं
प्रेम के पकने की शुरुआत बन गया
अब जिन्दगी को जीना होगा प्रेम में
प्रेम के आधार पर बनानी होगी दिनचर्या
जीवन के इस पूरे मन्दिर को
प्रेम के ईंटों से करना होगा निर्मित
अन्तिम शिखर पर तेरा मधुर स्पर्श।

हमने पूरी जिन्दगी प्रेम में जिया
अब अन्तिम समय तेरा क्या नाम लेना
अन्दर बाहर सब जगह तुम्हारी है छाया
ऐसे में नाम किसका लेना
तेरा नाम मुक्ति का बना है साधन
बस विष्णु की तरह मंथन
व की तरह वियोग
राम की तरह वन-वन भटकाव, और
कृष्ण की तरह राधा बिना जीवन
तेरी ही अभीप्सा के लिए है सबने सहे

हरेक जीवन में तेरे नाम की अभीप्सा
रोआँ-रोआँ तुझको ही पुकारे
तब शब्द नहीं थे, आज मेरे शब्दों में

कुछ और चाहिए नहीं
बस प्यास पूर्ण हो जाए इस जीवन की
प्रेम का शाश्वत स्वरूप आए
उसके मन में ज्वार उत्पन्न हो
और हम परम विश्राम की ओर चले।

[जीवन ऊर्जा है और प्रेम उस ऊर्जा की सतत अग्नि है। इस अस्तित्व में हम अथक, अन्तहीन ऊर्जा के साथ जीवन को ले चले। इसलिए प्रेम जरूरी है। इसका न कोई आदि है, न मध्य और न ही अन्त है। हाँ मनुष्य इसके बीच में स्थित है, सागर में एक तरंग की तरह।]

आकाश से तालमेल

आकाश से तालमेल बढ़ा
आँख उस विराट की ओर चला
हर समय बस उस आकाश पर ध्यान
आकाश अब हृदय की ओर चला
इस हृदय में बस तुम हो
इसका आकाश को नहीं पता
बस तेरे माध्यम से
बाहर का आकाश समीप आया
अन्दर के आकाश में तुम।
दोनों के मिलन का आलिंगन
स्थूल का सूक्ष्म बन
इस विराट से एकाकार हो चला
प्रेम का यह स्वरूप
बस तुमने देखा
महसूस भी तुमने किया
मैं केवल साक्षी
उस अनन्त रूपों के नृत्य का
जहाँ मेरा विसर्जन
तेरा सृजन का प्रतिफल बना।

[मनुष्य कामना है। कामना ईश्वर बनने का। उसके पड़ाव अनन्त हैं, लेकिन मंजिल ईश्वर है अब बीच के पड़ाव को प्रेम से भरा जाए, तो मंजिल आसान हो जाती है।]

प्रेम की परिभाषा

तुमने एक बार फिर
प्रेम की परिभाषा पूछी है
जिसकी परिभाषा होती है,
वह प्रेम नहीं
व्याख्या भी खेल है, मन का
प्रेम का प्रकटीकरण नहीं
जो होता है प्रेम में
वह मन के उस पार है
हमारे विचार उसे
कहाँ करते हैं स्पर्श?

प्रेम की व्याख्या नहीं
उसको जानने से अलग, और जानना
प्रेम में होने से अलग होता है
शब्द में प्रेम नहीं
कोई भी सत्य उसका शब्द नहीं
बस हमारे और तुम्हारे मिलन की अनुभूति
बनाता है शून्य में प्रेम की झील

और उस तक पहुँचने का मार्ग
कोई नहीं, सिवाय प्रेम का।

[मन तरल है। मन प्रतिपल बदलता है। प्रेम भी एक मन है। यह सदैव परिवर्तनशील है। प्रेम सदैव मन के मिलन की बात करता है। यह शरीर से ऊपर की बात है। प्रेम एक दिव्यता का पड़ाव है, जहाँ हमारा मन अपने मूल से साक्षात करता है। और समूचा अस्तित्व प्रेममय हो जाता है।]

निःशब्द पुकार की गूँज

मेरे जीवन का कोना-कोना
तेरी निःशब्द पुकार से गूँज रहा
उसी पुकार ने
तेरे द्वार पर दी है दस्तक
क्या तुम सुन पा रही?

आँसुओं की बरसात में
धुल गया है मेरा पूरा मन
तेरी व्याकुलता इतनी तीव्र
जिससे जन्मा है प्रेम का नवांकुर
अब तुम बन गई हो प्यास
हर कदम पर प्रार्थना के स्वर
अब पुकार ही बची है शेष
मैं मिटता जा रहा
क्या तुम देख रही हो?

तेरा द्वार जब खुलेगा
कदाचित मैं नहीं रहूँगा तब
फिर तुमसे पूछेगा
मेरे अस्तित्व का हरेक तत्त्व
प्रतीक्षा का क्या है अर्थ
प्रार्थना का कोई है परिणाम

उस समय पुकारूँगा बस निःशब्द
क्या तुम तब आओगी बाहर?

[कबीरदास की मान्यता है कि मानवता के विकास में प्रेम का अहम योगदान है। जिस हृदय में प्रेम का संचरण नहीं होता है। उस घट यानी हृदय को श्मशान के समान समझना चाहिए। जो व्यक्ति इस संसार में आकर प्रेमरस का पान नहीं करते, उनका इस संसार में आना उसी प्रकार व्यर्थ है, जिस प्रकार किसी अतिथि का सूने घर में आना।]

झुक आई बदरिया सावन की

समय की सतत धारा में
बारिश की मादक आहट छाई,
सावन की बदरिया झुककर
मधुर स्मृति को पास है लाई

मिलन के क्षण की प्रतिध्वनि
फिर से कान में है आई,
तेरे अमिट प्रेम का वो पावस
अन्दर तक है उतर आई

बरस जाने का बहाना बन
मन को सदा से सींचा,
चारों ओर से घेरे हुए
हमको अपने ही भीतर है खींचा

बादल की उमड़-घुमड़ में
उसकी आवाज की है छाया,
सभी दिशाओं में वही
उसके स्वर ने अन्दर है गाया।

फुहारों की हर छुअन से
जीवन में उष्णता है आई,

अन्दर कुछ ऐसा भीगा
अस्तित्व में पूर्णता है छाई।

[गोस्वामी तुलसीदास ने प्रेम के अभाव में मनुष्य के सुख, सम्पदा और ज्ञान को ही तुच्छ माना है। उनके अनुसार प्रेम स्वयं में व्यापक, विराट और शक्तिशाली अनुभूति है। इसके जागृत होते ही आत्मा की तत्काल अनुभूति हो जाती है।]

प्रेम की दौलत

इस जगत में
प्रेम करना
सबसे कठिन काम है
इसे बाँटना नहीं खुद प्रेम में
बँटना होता है
बार-बार

प्रेम देना नहीं
प्रेम बनना
प्रेम भी हम
दोस्त भी हम
एक भी
और अनेक हम
गुस्सा संग
माफी भी हम

दौलत का नाम
प्रेम रस
जिन्दगी का सफर
बस तलाश
एक अदद रहबर
चाहत, बन्धन

और एहसास में
वह साथ है
नहीं है
हम भी अकेले नहीं।

[जब हम प्रेम में होते हैं, तब हमारे हाथ अनन्त को छूते हैं। अनन्त ही हममें होता है। जब जीवन की शाश्वत शक्ति ही हमारे अन्दर हो, तो हमें प्रज्वलित होना ही होता है। सारी सृष्टि हमारे माध्यम से स्पंदित होती है। हम खुद इस अनन्त के स्पंदन के सहभागी हैं। इसलिए प्रेम जरूरी है।]

साथ हम चलें

तुम नहीं
समय भरपूर
हम कहाँ?

फिर तुम आईं
समय था,
मैं भी मौजूद

मैं हूँ
समय साथ
तुम अब नहीं

कल तुम नहीं
समय होगा
मैं नहीं होऊँगा

समय संग
तुम चलो
साथ हम चले

[प्रेम का आभामंडल शाश्वत होता है। इसकी अनुभूति के लिए हमरे अन्दर स्पंदन होना चाहिए। शरीर के साथ ह्रदय का स्वर। जब इसका सम्बन्ध बनता है, तो हमें प्रेम में दिव्यता और दिव्यता का वैश्विक स्वरूप दिखता है। मित्रता का विशुद्ध रूप ही प्रेम है। लेकिन हम यह कहाँ समझ पाते हैं। आज सात जून को जन्मदिवस पर यह हरेक प्रेमी के लिए...]

एक डर है

बात पाने की नहीं
पाया कहाँ तुझे
एक बूँद की तलाश
आज भी जारी है

इस एक बूँद
एक पल के लिए
एक डर है
तुझे खोने का।

एक अछोर परम्परा है
खोना भी प्रेम
राधेकृष्ण
सती बिन शिव
सिया के राम

प्रेम अगर सच्चा
तो अधूरा रहना निश्चित।

[एकाहर्ट टॉल ने एक बातचीत में कहा है कि जो भी अपने हृदय के सम्पर्क में होता है। वह अपनी सच्ची प्रकृति से जुड़ा होता है। और जो अपनी प्रकृति से जुड़ जाता है, वह सारी जीवित चीजों की सच्ची प्रकृति से जुड़ा हुआ होता है।]

दूरियाँ

दुखी हो मन
पैरों में कम्पन हो
मन तड़पे
इसका नहीं होता
प्रेम से नाता

दूरी दिखाना
कभी भी
कठिन नहीं था
या तुम्हारा
हमसे दूर जाना

शरीर की दूरी से
फर्क नहीं होता
मन से हो दूरी
तब, पास होने पर भी
कहाँ कोई था
तेरी आहट में स्पंदन

पता है न
मेरे मन में दूरी नहीं
भले तुम दूर हो

तुम्हारी निशानियाँ
नि:शब्दों के स्वर
साथ के पलों में
एक बूँद सा
सिमटा है हमारा प्रेम।

[खलील जिब्रान कहते हैं कि आप यह भूल सकते हैं कि आप किसके साथ हँसे थे, लेकिन आप यह कभी नहीं भूलेंगे कि आप किसके साथ रोये थे।]

अदृश्य प्रेम की लहरें

नाम मेरा है
लिखा भी मैंने है
लेकिन हर पन्ने पर
सिर्फ कहानी तेरी उकेरी है
हर वाक्य में तेरा साथ
और हरेक शब्द में
सिमटी खुशबू बस तेरी है

अजीब है यह दुनिया
जहाँ शब्दों से भी गहरा
नि:शब्द का हलचल पूरा है
एक ही आवाज
हमारे अस्तित्व की
गूँज बन आत्मा से जुड़ा है

शब्द कागज पर
मात्र स्याही के रूपों में
हमारे अदृश्य प्रेम की लहरें हैं
लहरों के बीच हमारे सम्बन्ध
एक विल सागर सा
अनकहे सम्बन्धों से भरे हैं

प्रेम काव्य नहीं
यह जीवन का आधार
प्राण की ऊर्जा
जीने का एकमेव कारण है
भले मैं हूँ रचनाकार,
परन्तु, तू हो शाश्वत प्यास
सदैव तुझे देखना
तुममें खुद को भूलना
इस जीवन का सावन है।

[हमारा हृदय चेतना के ज्यादा ऊँचे स्तर यानी प्रेम और बुद्धिमत्ता के स्तर तक पहुँचने का द्वार है। जब हम अपने हृदय का अनुसरण करते हैं, तो हमारा संसार लेने के बजाय देने के इर्द-गिर्द घूमता है हम सकारात्मक हो जाते हैं।]

झील को अपलक निहारते

झील को अपलक निहारते
तुमने पानी की लहरों को देखा
और मैंने इन लहरों में
प्रेम के असीम वितान को
हम दोनों ने झील को
अपने अपने तरीके से
उन पलों में प्यार को पाया

सूखा पत्ता जब पेड़ से गिरा
तुमने उस गिरने में दुख देखा
मैंने इस पत्ते के झरने में
प्रेम की एक पूर्ण कथा को पढ़ा
तुमने पत्ते में व्यथा, और मैंने
प्रेम की छाया में जीवन को पाया

बारिश में भीगते हुए
तुमने मौसम का परिवर्तन देखा
और मैंने इन बूँदों के साथ
प्रेम के नये अंकुर को पनपते देखा
बारिश की याद में, तुमने
भुला दी समय में दबे प्रेम को,
बारिश में मिट्टी से निकलते

तेरी यादों के अंकुर से, मैं
बना रहा हूँ प्रेम का वन।

[दीपक चोपड़ा कहते हैं कि प्रेम का अर्थ वही है, जो हमारा सार है। हम अपने हृदय में जितना प्रेम महसूस करते हैं, हमें उतना ही प्रेम दिया जाएगा। प्रेम ही इस सृष्टि की बुनियादी ऊर्जा है। प्रेम की ऊर्जा हमारे चारों ओर है।]

मौन संवाद

अर्शिया, सुनो तो।
मौन संवाद करना है तुमसे आज
स्वर में नहीं सुनना कुछ भी
बस रखना है
तुम्हारे समक्ष अपनी वेदनाएँ
मन्दिर में देवता के समक्ष
जैसे की जाती है करबद्ध प्रार्थना
तुम भी सुनना देव की भाँत
और महसूस कर
मेरी अर्चना का उत्तर देना

प्रेम के फैले इस आकाश में
कान लगाकर सुनना
सुनने पर पता चल जाएगा
मैं कहाँ हूँ?
आवाज में दर्द का वितान
दूर-दूर तक फैला है
उन पलों का सुरमई एहसास
तुम आँख तो उठाओ
एक बार चाँद, तारों को ही देखो

दिख जाएगा
उसमें मेरे प्रेम का अक्स

कहाँ तक प्रेम है?
कहाँ तक तुम्हारा सुवास है?
इसका विस्तार कितना है?
कौन बताएगा?
सिवाय तुम्हारे!

[जब हम अकारण प्रेम की अवस्था में होते हैं, तो हम स्वतंत्रता की स्थिति में होते हैं। हम अपने में विस्तार महसूस करते हैं। भीतर एक शान्ति का वास होता है और आनन्द की अनुभूति होती है।]

वही केवल अपना है

मन ने कहा वो बस सपना है
दिल बोला वही केवल अपना है

मन ने कहा वो पल की भेंट है
दिल बोला पलों में वही श्रेष्ठ है।

मन ने कहा वो लगती अजनबी है
दिल बोला वही जीवन की खुशी है

मन ने कहा यह उठता ज्वार है
दिल बोला यही केवल प्यार है

मन ने कहा उसे सबसे छुपाना है
दिल बोला साँसों में उसे बसाना है

[ओशो कहते हैं कि जीवन दोहरी यात्रा है। एक यात्रा समय और स्थान में होता है, और दूसरी यात्रा स्वयं में और सत्य में होती है। पहली यात्रा का अन्त मृत्यु में और दूसरी यात्रा का अमृत में होता है। दूसरी यात्रा ही वास्तविक है, क्योंकि वही हमको कहीं पहुँचाती है।]

तुम्हारी प्रतीक्षा में

तुम्हारी प्रतीक्षा में
अब भी पड़ा हूँ ड्योढ़ी पर
चौखट है सूना
दीवारों के रंग हो गए फीके
हर आहट पर लगता
तुम आ गई हो।

आज भी इन्तजार में
रखता हूँ चाय के दो कप
तुम्हारे हिस्से की चाय
हर बार हो जाती है ठंडी
मैं बस छूता और रख देता
तेरे सुरमई एहसास के साथ

रात की ओस में
आँगन में बिखरा होता हरसिंगार
उन हाथ का इन्तजार होता
जो उस सुवास में बिखरे पड़े
मेरे अस्तित्व को सहेज पाए

आज भी बारिश, मुझे
जहाँ देखती है, भिगो देती है, परन्तु

अब न ठंड लगती है, न ही उष्णता
कभी-कभी तीव्र प्यास में
मन को समझाता हूँ—
तुम्हारे बिना भीगना क्या
सूखे गले को तर करना क्यों?

[काम में दो शरीर यानी दो स्थूल रूप करीब आते हैं। प्रेम के काल में दो मन समीप आते है। यह मन हमारे शरीर का सूक्ष्म स्वरूप होता है। भारतीय मानस कहता है कि जब आत्मा के स्तर पर प्रेम होता है, तो वह भक्ति बन जाता है। वहाँ बूँद और विराट का मिलन हो जाता है।]

इस प्रेम की वजह से

जब तुम झील बन जाती हो
बिलकुल तर्क रहित,
तब तुम दर्पण बन जाती हो
तुम्हारे भीतर से आता है
एक लावण्य रूप

जब हम उसके रस में डूबते हैं
बार बार अनुभूति
तेरे सत्य की—
आँखें बेवजह जब नम हो जाती हैं,
मौन में तेरे होने का बोध
अस्तित्व के नाद में गूँजता है

तुम्हारे भीतर का ठहराव
एक अखंड ज्योति-सा—
अकम्पित
चतुर्दिक बनाता संगीत की लहर

नर्म धूप में तेरा स्पर्श
चाँदनी रात में तेरे संग भीगना
तेरे स्वाद में डूबकर

खुद को तेरी खुमारी में करता विलीन

तेरे स्वर में,
उस नाद का अनुभव, और
उस गहन संगीत में हम
अस्तित्व के साथ लीन हो जाते हैं

अदृश्य होने के बाद
पहली बार तुम्हारा सजल प्रेम
वायु और जल जैसा सच लगता है
एक गतिशील शक्ति
हमारी हरेक चीज की बुनियाद है
इस प्रेम की वजह से
हम इस दुनिया में आए हैं,
यह हमारे और तुम्हारे भीतर है।

यह प्रेम, यह अदृश्य शक्ति
हमें सदैव तुम्हारी ओर खींचती है,
एक से दो और
परिवार, फिर
आगे समाज बनाता है

यह तुम्हारा नियम
असंख्य आकाशगंगाओं से लेकर
हरेक अणुओं तक को
सक्रिय रखता है।

अस्तित्व का हरेक नाद
एक चुम्बक
जो आदि काल से जोड़ता

आगे भी यह रस
तेरी ओर जाने को करेगा प्रेरित।

[हम एक हैं। हमारा मन, हमारी देह और हमारी आत्मा सब एक हैं। हम सम्पूर्ण हैं, जिसे प्रकृति ने खंड-खंड में बाँटा है। इस कारण ही हम जीवन में प्रेम की खोज करते हैं ताकि वह उस खंड को अखंडित कर सके। प्रेम की लहर इस जगत पर हमारे देह पर हमारी आत्मा पर और हमारे मन पर बनती है। इस कारण ही हम सदैव ज्यादा की लालसा रखते हैं।]

फूलों को देखते हुए

जूही के फूलों को
तुमने जब निहारा
तब से सब खिले हुए हैं

ऊर्जा का आरोहण
वृक्ष के पत्ते
और टहनी को रस से भरकर,
और रस को फूल-फल
बनाने में लगे हुए हैं

तेरी छुअन से
जड़ों का जुड़ाव जल से होता
टहनी के पीछे छिपा जल,
जल से जुड़ा हुआ आग
तेरे राग में
रंगीन फूल बनाए हुए हैं,

मधु पराग की टपक में
तितली और मधुमक्खियों के भ्रमण में
तेरी श्वास का गंध
उस बगीचा में आज भी
पसरे और बसे हुए हैं

उसमें आकाश दिखता है—
वह रोज बढ़ते तेरी ओर
वरना बार-बार मन
क्यों मोहित होता भला,
जेतवन में तुझे देखते हुए
भिक्षुओं में संकल्प धारण किये
कुम्हलाकर गिरने के पूर्व
तेरे शिखर की ओर पहुँच ही जाते हैं

इन फूलों की जीवन कथा
अनादि से अनन्त काल तक की
क्षणभंगुर की चर्चाओं में निरन्तरता का,
वैदिक ऋषियों से आ रही
स्वस्तिवाचन के साथ जुड़ी परम्पराओं का
इसकी स्मृतियों में
तट के उस पार जानेवाली नौका
और संग में साक्षी भाव का

तुझे देखना,
समय के रथ पर सवार
प्रति क्षण तेरे सामने होने जैसा
आनन्द गान की तरंग को
मस्तिष्क में लहरना, और
साथ ही अनुभव करना—
मेरी सत्ता के अन्दर
तुम सदैव विराजमान हो।

[प्रेम एक सन्तुलन है। इसमें तृप्ति है, खोना भी है और कुछ पाना भी होता है। इसमें एक उलझन रहती है। शान्ति के साथ दुविधा का आलम होता है। प्रेम एक अग्नि की तरह है जो जलाता रहता है। बुझने नहीं देता है।]

प्रेम की खोज के लिए

अर्शिया सुनो!
प्रेम की शक्ति
अस्तित्व की एकमात्र प्रज्ञा है—
प्रेम का रस
पौधों में फूल उत्पन्न करता है
मानव शरीर में कोशिका,
फूल तथा मानव के लिए
काँटे और त्वचा का रक्षा कवच

हमारे लिए प्रेम
हर कुछ करता है
लेकिन जब तक सवाल नहीं पूछेंगे
कोई जवाब नहीं मिलेगा

जटिलता में सरलता
विचार में सद्भाव
भोजन में तृप्ति
और हरेक तत्त्वों से सम्बन्ध का आधार
प्रेम की शक्ति होती है

जीवन में केवल प्रेम है,
प्रेम के सिवाय कोई शक्ति नहीं, जो
गरमी से वृक्ष को सुलझा दे
और उसके विकास एवं फल को मिठास भी दे

जिस पेड़ से पत्ते गिरते हैं
उस पर ही नये कोंपल का आना
यह प्रेम का ताना-बाना है
प्रेम में निवास करने पर
भोजन ज्यादा स्वादिष्ट लगता है
शरीर लचीला और
प्रकृति की ध्वनियाँ स्पष्ट आती हैं
जैसे-जैसे प्रेम भीतर बढ़ता है
फूल की तरह सौन्दर्य
आत्मा में जीवन्त हो जाता है

प्रेम हमको चलाता है,
प्रेम के कारण ही आत्मबल बना रहता है
पत्थर की नक्काशी से मूर्ति बनाना
प्रेम की प्रेरणा से सम्भव होता है
प्रेम के कारण ही वेद की ऋचाएँ
हजारों साल अलिखित पर दिल में रहीं

प्रेम की शक्ति अद्‌भुत है
वह बुद्ध के निर्वाण का कारण है
हरेक आविष्कार के पीछे प्रेम की चेतना है
अग्नि, बिजली और दवाई की खोज
सम्भव हो पाया।
प्रेम दाँव पर था
मानव की हरेक रचना में
प्रेम का सन्निहित भाव है

जीवन के हरेक कार्य में
प्रेम की शक्ति की खोज के लिए
अन्तरतम का अर्चन, तुझको अर्पण।

[प्रेम बस संगीत है जिसका कोई स्वर नहीं। हम उस स्वर को सुनने के लिए आतुर होते हैं लेकिन हमारा शरीर उसमें बाधक होता है। प्रेम शरीर के पार है। जहाँ शरीर है, वहाँ प्रेम की दिव्यता नहीं है। हमारा स्वर, हमारा शरीर और हमारा संगीत इस अस्तित्व के असीम प्रेम को समझने में काफी नहीं है। इसके लिए आत्मा का आरोहण जरूरी है।]

प्रेम के पहले

अर्शिया, पत्थर में भी प्रेम होता है
सहानुभूति से सम्बन्ध बनाए, तो
उस पल ही
हम प्रेम में पड़ जाएँगे

व्यक्ति में संवेदना नहीं
तो, जीवन नीरस होता है
सुन्दर फूल के पास भी रहकर
प्रेम का अभाव होता है

तुम्हें क्या लगता है
प्रेम सहज है, नहीं
प्रेम भीतर की पीड़ा है,
देह की अग्नि है,
यह जलता है
तब प्रेम खिलता है

हाथों से छूकर
सूँघकर

जीभ का स्वाद
और चेहरे से लगाकर
जब महसूस किया जाए, तब
प्रेम होता है।

[प्रेम, एक अनन्त प्यास, अनवरत पुकार और अहर्निश प्रार्थना है। प्रेम, प्रभु का द्वार है। प्रेम, पीड़ा है और परमसुख भी है। प्रेम जीवन है और मृत्यु भी।]

हमारा यह बन्धन

अर्शिया सुनो!
एक दिन हम चले जाएँगे
हमारी बातें, हमारी हँसी और हमारे सम्बन्ध
हमारे अन्दर ठहर जाएँगे
लेकिन, कुछ भी नष्ट नहीं होगा
सब समय के गर्भ में रहेंगे
अस्तित्व में गूँजेगी हमारी आवाजें
गर्म, सजीव और गति के साथ
बहुत समय के बाद जब हम फिर लौटेंगे
अगर लौटे तब,
तो क्या तुम अपनी आवाज को पहचान पाओगी?
जान सकोगी, अपने सम्बन्ध की गरमाहट को
जीवन के उस नये मोड़ पर
ठीक उस वक्त क्या-क्या कहाँ था?
क्या गाया था, और क्या भूला?
कितना कठिन है यह
अपने आपको पहचानना
स्वयं को स्मरण करने के लिए

[हमारा बन्धन अदृश्य है। इसको दृश्य में खोजना व्यर्थ है। जिस प्रेम को हम बाहर खोजते हैं, वह अपूर्ण है। जो संगीत हम कान से सुनते हैं, वह पूर्णता नहीं लाता है, एक संगीत हमारे अन्दर है, जिसका प्रेम से तारतम्य है।]

मौन में विलीन होते पल

जो पल तुम्हारे साथ बीतता है
उन्हें ही जीता हूँ सदैव
उस पल में ही हमारा सारा अस्तित्व बहता है
तन्मयता के हरेक क्षण का आना
हमारा साथ होना है
ये पल अकेले पल नहीं होते, पर
हम कहाँ देख पाते हैं?
उन पलों को, उन पलों में
अर्शिया, तुम्हें क्या लगता है,
जब तुम्हारा एहसास मुझको छूता है
वहाँ तुम नहीं होती हो?
मैं भी हूँ तुम्हारे साथ
सदैव और सर्वदा
लेकिन मैं देखना चाहता हूँ
उस जीवन के मोहक पल को
जिसे छोड़ना कितना कठिन होता है
पर वे सारे पल
छूटते जाते हैं
मौन में विलीन हो जाते हैं

[प्रेम की पीड़ा ही अग्नि है। यह हमारा सौभाग्य है कि हम इस अग्नि में उतरने का और खुद को अस्तित्व से जुड़ने का रसायन खोज पाते हैं। जन्म-जन्म की अनन्त प्रार्थनाओं से ही जीवन प्रेममय बनता है।]

ओ विष्णुप्रिया

तुम प्रेम ही तो हो
विष्णु का प्रेम
जिसे वह खोजते हैं
हर जन्म में, अवतार में
और समय के हर पहर में
समय के पहले पहर से
तेरी यात्रा के साथ
यह प्रेमगाथा जारी है
जिसे दुनिया लीला कहती
परन्तु, तुम प्रेम में लीन।

2

तुम्हारा प्रेम शाश्वत है
हर बार रूप अनेक
नाम अनेक
परन्तु प्रेम का पर्याय तुम
विष्णु को प्रेम का पाठ पढ़
तुम लक्ष्मी बन
समुद्र मंथन को किया मजबूर
मंथन समुद्र का नहीं
विष्णु की अभीप्सा का था, जिसमें

वह अपनी विष्णुप्रिया को पा,
तब ही
नर बना नारायण।

3

नाम अलग, लेकिन काम
प्रेम का प्रतिष्ठापन
सती के प्रेम में थी,
असीम ऊर्जा
माता की यज्ञाहुति
शिव को मिला
प्रेम में अलगाव की वेदना

प्रेम को साधना में बदला
उसी प्रेम ऊर्जा से
शिव ने गढ़ा
माता सती का सूक्ष्म रूप
बना दिया पार्वती
और महायोगी बन गए खुद
फिर प्रेम ऊर्जा की
शाश्वत धारा में
पार्वती बनी महादेवी
देव बन गए
देवों के देव महादेव।

4

प्रेम की सरिता बहती गई
त्रेता युग में प्रेम ने
धरती को ही अपना रूप दिया

विष्णुप्रिया को मिला सीता का स्वरूप
राम को साथ लिया
समूचे भारत की धरती को प्रेममय किया
सीता के बिना राम
वन-वन भटकने को विवश
फिर भी सीता के प्रेम पर विश्वास
सीता बिना जीना मंजूर नहीं
उस प्रेम की लहरी ने लिखी
पुरुष से पुरुषोत्तम की कथा।

5

कथा जारी रही
द्वापर में भी विष्णुप्रिया आईं
कई रूप और रंग में
माधव को प्रेमी बनाकर
छोड़ दिया भारत में
मैत्री के लिए
धर्म की स्थापना के लिए
माता के प्रेम का शाश्वत स्वरूप
वृंदावन में स्थित, और क्रियाशील कृष्ण
देश में प्रेम भरने चले
माता के त्याग और साधना ने दिया
योगी को योगेश्वर का स्वरूप।

6

कथा आज भी जारी है
विष्णुप्रिया ने हर दौर में प्रेम को बाँटा
प्रेम का उसका रूप
सदैव कभी स्थूल, कभी सूक्ष्म

लहरों की तरह इस भूमि पर बहता रहा
जिसने महसूस किया
जिसने उस अग्नि के ताप को भोगा
वही जीवन सफल हुआ
जीवन सफल करेगा, वही
जो विष्णुप्रिया के भाव को जानेगा।

[इस सृष्टि का केन्द्र प्रेम है। प्रेम ही परमात्मा है, जो पुरुष और प्रकृति के रूप में इस जीवन को चलाता रहता है। जीवन के लिए इस संसार में जो सन्तुलन है, जो आकर्षण है, जो जुड़ाव है। वह भी प्रेम के कारण है। प्रेम एक शक्ति है, जो खुद को विविध तत्त्वों में प्रकट करती है, और प्रेम उसको धारण करता है।]